KiWi 162

Über das Buch
Stellen Sie sich vor, Woody Allen würde zwei Stunden auf einer Bühne hinter einem Tisch sitzen und spannende Episoden aus seinem Leben erzählen. Genau dann haben Sie eine Idee davon, um was es sich bei Spalding Grays Buch *Nach Kambodscha schwimmen* handelt: Eine trotz seines ernsten Themas umwerfend komisch erzählte Geschichte eines Schauspielers über seine Erlebnisse bei den Dreharbeiten zu dem berühmten Film ›Killing Fields‹ von Roland Joffes. Schauplatz der Handlung ist Südost-Asien, genauer gesagt Thailand. Und die Geschichten, die dieser ›New Wave - Mark Twain‹ (so die amerikanische Presse) wie ein Feuerwerk abbrennt, sind Geschichten über die Dreharbeiten und ihre Probleme, über den Ozean und den Urwald, die Sexclubs und die Thaimädchen, über Drogen und die Midlife-Krise eines gebeutelten Mannes. Aber ebenso geht es um das ernste Thema des Films ›Killing Fields‹: Die jüngste Geschichte Kambodschas, vor allem der Völkermord Pol Pots an seinem eigenen Volk, aber auch die heillose Rolle der Amerikaner im Vietnamkrieg und deren Auswirkungen bis auf den heutigen Tag.

Der Autor
Spalding Gray, geboren 1941 auf Rhode Island, absolvierte 1965 ein Studium am Emerson College und begann seine Schauspiel-Karriere an regionalen Theatern. In New York arbeitete er mit Tom O'Horgan und der LaMama-Company, ab 1969 mit Richard Schechners Performance-Group, bevor er 1977 mit Elizabeth LeCompte die Wooster Group gründete.

Spalding Gray

Nach Kambodscha schwimmen

Aus dem Amerikanischen
von Lothar Gorris

Kiepenheuer & Witsch

Titel der Originalausgabe *Swimming to Cambodia*

Aus dem Amerikanischen von Lothar Gorris

Umschlag Manfred Schulz, Köln, nach einer
Konzeption von Hannes Jähn, Köln
Umschlagfoto: Franziska Scherer
Gesamtherstellung Clausen & Bosse, Leck
ISBN 3 462 01907 4

Für die Kambodschaner und
Kambodscha,
einem Land jenseits meiner
Vorstellungen
und viel zu weit weg,
um hinzuschwimmen

Inhalt

Einführung
von James Leverett 11

Eine Vorbemerkung 7
von Spalding Gray 17

Nach Kambodscha schwimmen
Teil 1 21
Teil 2 81

Anmerkungen 149

Einführung

von James Leverett

Spalding Grays *Nach Kambodscha schwimmen* ist eine Aufzeichnung. Es ist eine Aufzeichnung, genauso wie auch das, was wir als »Geschichte« bezeichnen, nur aus Aufzeichnungen besteht. Ebenso kann man aber auch sagen, es handelt sich um eine völlig *neue* Form – oder ist es nur etwas sehr Altes, das sich in neuem Licht präsentiert? Nennen Sie es einen »epischen Monolog« und erinnern Sie sich daran, was »episch« die paar tausend Jahre, seitdem dieses Wort existiert, bedeutet hat: Ein Text, der zuerst vorgetragen und erst später niedergeschrieben wurde. Ein Vehikel für große Themen, vorgetragen anhand großer Ereignisse, die von realen Geschehnissen der Vergangenheit bis zum Strahlen des Paradieses und den Verwüstungen der Hölle reichen. Eine Leinwand des Lebens, immer zwischen Individuum und Universum hin und her pendelnd und immer verfolgt von der Ironie der Sterblichkeit. Ein Verschmelzen von Geschichte und Mythos.

Ein etwas aufgeblasenes Vorhaben für ein paar Stunden auf einer Bühne, das ist klar; vor allem für Stunden, die man mit jemand verbringt, der so unterhaltsam und so ausgesprochen witzig ist wie Gray. Aber die beiden Teile von »Swimming To Cambodia« sind so reich an tiefgehenden Reflexionen über die Welt, in der wir nun mal leben müssen, und deswegen sind

sie der Höhepunkt der Arbeit ihres Autors, der sie in mehreren Jahren geschaffen hat. Das lädt zu Übertreibung geradezu ein.
Grays Leben als Performer ist ein wichtiger Bestandteil der Geschichte des amerikanischen Avantgarde-Theaters der letzten Generation. In den sechziger und siebziger Jahren arbeitete er mit Robert Schechner und der »Performance Group« und blieb auch nach dem Weggang Schechners und der Umwandlung in die gegenwärtige »Wooster Group«, eines der aufregendsten, innovativsten und experimentellen Ensembles, dort. Teile von Grays persönlicher Geschichte, genauer gesagt, die Ereignisse um den Selbstmord seiner Mutter, verarbeitete die Direktorin Elizabeth LeCompte zur *Rhode Island Trilogy*, die erste Arbeit der Wooster Group und ihr erster typischerweise kontroverser künstlerischer Erfolg.
Neben diesen komplexen Ensemble-Vorstellungen Grays in der Vergangenheit entwickelte Gray seine eigenen Monologe, die für ihn unvermeidlich zu ständigen Erforschungen seiner Gegenwart wurden. Zuerst *Sex and Death to the Age 14* (seine Kindheit und Pubertät), dann *Booze, Cars and College Girls* (der Heranwachsende), *A Personal History of the American Theatre* (seine frühe Karriere als Schauspieler), bis hin zu *Interviewing the Audience* (was genau das ist, was der Titel sagt).
Als er sich zum ersten Mal hinter einen bescheidenen Holztisch setzte, einen fast genau abgemessenen Schluck aus einem Glas Wasser nahm und seine Aufzeichnungen über Erinnerungen an frühe Erektionen und den Tod von Haustieren zu lesen begann, konnte Gray nicht ahnen, daß dieses Experiment zum Fokus für eine sehr breite Palette der Performance-Kunst wurde, die in den siebziger Jahren New Yorks Soho und andere Bastionen künstlerischer Avantgarde stark beeinflußt hat. Er wurde zu einem wesentlichen Faktor in diesem Metier, von den einen als Original gepriesen, von anderen als

Aushängeschild der Ich-Dekade verdammt. (Aber natürlich! Ein Typ, der hinter einem Schreibtisch sitzt und nur über sich selbst spricht!) Es wäre aber wohl nicht richtig, wenn man glaubt, diese frühen Monologe, acht sind es insgesamt, nur einfach niederschreiben zu müssen, um am Ende der Aneinanderreihung eine kleine, nette Autobiographie S. Grays zu haben. Sie sind alle impressionistisch, alle pendeln in Zeit und Ort hin und her und bilden einen Wandteppich ineinanderverschlungener Themen und Bilder, die nur selten einen Erzählfaden erkennen lassen. Einige sind extrem experimentell: In *India and After* (der erste Monolog, der nicht nur »mono« war), zum Beispiel sucht ein Partner aus einem Universal-Wörterbuch Stichworte heraus, auf die Gray mit freien Assoziationen zu seinen Reisen nach Indien und durch die Vereinigten Staaten in den siebziger Jahren antwortet.
Genauso falsch wäre es, diese Arbeiten als narzißtische Übungen des zu ausgeprägten Egos eines Autors zu betrachten, der sich nicht für so »irrelevante Äußerlichkeiten« wie Politik, Geschichte und Gesellschaft interessierte. *Sex and Death* beginnt und endet mit jeweils einem umwälzenden politischen Ereignis: Der Abwurf der Atombombe über Hiroshima und die Wasserstoffbombe in Enewetak. Worüber Gray dazwischen berichtet, wenn auch in subtilster und indirektester Weise, ist ganz allgemein das Erwachsenwerden in diesem Land nach dem Zweiten Weltkrieg. All diese Monologe hatten eine solche zusätzliche, oft versteckte Dimension. Wenn man sie lange genug betrachtet, erkennt man, daß alles, was Gray erlebt hat, auf eine überraschend aufschlußreiche Art das reflektiert, was die Welt, Sie und ich sicherlich mit eingeschlossen, erlebt hat – zum Teil zumindest.
Aber diese allgemeine Ebene ist niemals explizit oder offensichtlich. Jede neue Arbeit ist eine neue Entwicklungsstufe der Person Grays, der als unkorrigierbarer Zeuge, Spiegel oder, nun gut, Schwamm charakterisiert werden kann. Und

während sich das Material von seiner Kindheitsvergangenheit bis hin zum erwachsenen Hier und Jetzt vorkämpft, wird das autobiographische »Ich« mehr und mehr durch ein zuschauendes »Er« ergänzt. Nach und nach ist es Grays selbstgewähltes Schicksal geworden, sein eigenes Leben zu leben und gleichzeitig die Rolle des Spalding Gray zu spielen, der sein Leben lebt, und besagten Gray dabei zu beobachten, wie er sein Leben führt und darüber im nächsten Monolog zu berichten. Vielleicht war dieser Spiegelsaal, dieses endlose Spiel zwischen Performance und Realität schon immer die Situation eines Künstlers. Es ist sicherlich die Hauptperspektive eines Schauspielers, obwohl sie selten so dreist dramatisiert wurde. Aber war dieses Problem, das letztlich jeden betrifft, eigentlich jemals offensichtlicher als in diesem medien-beherrschten Zeitalter der sofortigen Wiederholbarkeit? Konditioniert durch McLuhan und Warhol, Johnny Carson und Phil Doanhue sind wir alle bis zu einem gewissen Punkt das Thema unseres eigenen selbstverfaßten Lebensromans geworden, zum Thema jn unserem »Shoot-as-you-go« Film. Die Möglichkeiten für jeden von uns, berühmt zu werden, scheint mit jeder Nachrichtensendung zu steigen.
Spalding Gray bekam also eine kleinere Rolle in »The Killing Fields«, einem Film über die neuere Geschichte – man müßte sagen, die sich immer noch fortsetzende – Geschichte Kambodschas. Gedreht wurde der Film in Thailand, direkt nebenan von Kambodscha, wo alles passierte (immer noch passiert), und in Hollywood, wo alles so tut als ob, oder erhofft, daß etwas passiert. Und er machte einen Monolog über Kambodscha, Thailand und Hollywood – und über Spalding Gray. So bemerkenswert auch alle früheren Monologe waren, sie wirken jetzt wie Tests für die virtuosen Sturzflüge der Kambodscha-Stücke. Hier purzeln die Pole mit denen wir das, was wir Realität nennen, messen, wie Würfel in einem Würfelspiel durcheinander: Fiktion über Geschichte, Krank-

heit über Gesundheit, Mikrokosmos über Makrokosmos, Traum über Realität. Ein Seemann mag blau-körniges Kokain, perverse Dreier und den nuklearen Detonator, an den er mit Handschellen gefesselt ist; ein Präsident, der sich George S. Scott in *Patton* ansieht und seiner Versammlung von Kriegsgegnern erzählt, daß Reisen den Horizont erweitern; der Vizepräsident eines großen Unternehmens liest *An Actor prepares*. Ein kleines Land mit vollkommenen Menschen – ein unschuldiges Paradies – verwandelt sich in die Hölle auf Erden, schürt den Völkermord-Wahnsinn mit Mao, Rousseau und B-52-Bombern. Aber – sind das abgeschlachtete Bauern oder Statisten, die mit Bühnenblut und Hühnerinnereien verschmiert sind? Sind das brennende Dörfer oder brennende Reifen, in Szene gesetzt vom Team für Spezialeffekte? Ist das Geschichte oder nur ein weiterer *Take*? Durch diese Landschaft, in der alles droht etwas anderes zu werden, wandert Gray, der essentielle WASP; einer, der das Ufer meidet, um den Haien aus dem Weg zu gehen, der nach einem Agenten sucht, der Angst hat, auf sein Vergnügen verzichten zu müssen, der Angst hat, zu lange auf einer Party zu bleiben, der einfache Fragen stellt, der furchteinflößende Antworten bekommt und der seinen Perfekten Augenblick sucht.

Das ist eine Aufzeichnung. Zum ersten Mal ist Grays Odyssee festgehalten worden. Was in seinen Monologen immer so wirkte, als wäre es geschrieben, als schwebe es über dem kleinen Tisch, hinter dem er vorliest, ist nun niedergeschrieben worden. Wir verlieren zwar die schräge, unstete, seltsame Gegenwart eines meisterhaften Geschichtenerzählers. Dafür aber bekommen wir die Möglichkeit zur selbständigen Wiederholung und die Möglichkeit, eine Leistung zu bewerten, die mit jedem neuen Lesen größer erscheint – vielleicht bis in epische Dimensionen.

Eine Vorbemerkung

von Spalding Gray

In »Gespräche mit Jorge Luis Borges« erzählt der Autor: »Ich erinnere mich daran, wie mein Vater etwas über das Gedächtnis gesagt hat. Er sagte: ›Ich dachte, ich könnte mich an meine Kindheit erinnern, als wir zum ersten Mal nach Buenos Aires kamen, aber jetzt weiß ich, daß ich es nicht kann... Jedesmal, wenn ich versuche, mich an etwas zu erinnern, erinnere ich mich nicht wirklich, sondern ich erinnere mich nur daran, wie ich mich das letzte Mal erinnert habe; ich erinnere mich an meine letzte Erinnerung daran.‹«

Nach Kambodscha schwimmen entstand über einen Zeitraum von zwei Jahren und in zweihundert Vorstellungen. Es war so aufgebaut, daß ich mir das erste Bild meiner vorangehenden Vorstellung ins Gedächtnis rief und dadurch ein »Stille-Post«-Spiel entstand, bei dem ein Satz von Nachbar zu Nachbar weitergeflüstert wird, bis am Ende der neue Satz laut ausgesprochen und mit dem Original verglichen wird. Das fertige Produkt ist das Ergebnis einer Serie von kreativen Fehlern – die Wahrnehmung selbst wird zum Redakteur des letzten Berichts.

Es ist eher dieser Weg des unbewußten Arbeitens als die bewußte Planung oder Manipulation, die meine Imagination beherrscht. Es interessiert mich, was mit den sogenannten

Tatsachen passiert, nachdem sie meine Performance durchlaufen haben und in meinem Gedächtnis gespeichert sind. Jede Performance wird zu einer Person, die einen leicht abgeänderten Satz zum Nachbarn flüstert. Meine Aufgabe ist es also, meine intuitive Seite die Auswahl treffen zu lassen. Und – es gibt nie zuwenig Material, weil jede menschliche Kultur Kunst ist. Alles eine bewußte Erfindung, um zu überleben. Ich muß mich nur umschauen.

Deswegen mag ich es, mich als »poetischen Berichterstatter« zu bezeichnen, ich sehe mich eher als einen impressionistischen Maler denn als einen Fotografen. Die meisten Journalisten bringen die Fakten so schnell wie möglich raus – frische Neuigkeiten sind die besten Neuigkeiten. Ich mache genau das Gegenteil. Ich gebe den Tatsachen die Möglichkeit, sich etwas setzen zu lassen, bis sie im Sumpf von Traum, Erinnerung und Reflexion verschmelzen, Blasen werfen und sich vermischen. Fast sechs Monate nach den Dreharbeiten zu *The Killing Fields* begann ich mit meinen ersten Berichten, und fast zwei Jahre verstrichen, bis ich meine letzten Korrekturen gemacht hatte. Während dieser Zeit wurde aus *Nach Kambodscha schwimmen* eine sehr persönliche Arbeit, durch die ich meine ganz eigenen Erfahrungen gemacht habe. Das Leben selbst wurde zum Thema und machte dadurch aus sich selbst ein Stück Fiktion.

Ich habe diese Arbeit *Nach Kambodscha schwimmen* genannt, als ich erkannte, daß die Aufgabe, sich vorzustellen, was in diesem Land während der grausamen Periode von 1966 bis zur Gegenwart alles passierte, das gleiche wäre, wie von New York nach Kambodscha zu schwimmen. Und dennoch, trotz der schrecklichen Vorstellung, daß ganze Nationen ausgelöscht werden, entschied ich mich für Toleranz und darüber hinaus, gewissermaßen als Grundlage des Ganzen, für Humor. Wenn ich überhaupt je daran geglaubt hätte, daß Gott amerikanisch versteht, würde ich folgendes beten: »Lieber Gott, bitte erhalte uns unseren Humor.« Ich habe immer noch Verständnis für Amerika, und ich liebe es, vor allem wegen seines Sinns für Humor. Wenn in Woody Allens Film *Stardust Memories* die Außerirdischen in der Nähe landen, erhofft sich Woody von ihnen ein paar Antworten. Er fragt sie: »Sollte ich nicht aufhören, Filme zu machen, und statt dessen etwas, das wichtig ist, tun, zum Beispiel blinden Menschen helfen, ein Missionar werden oder so was?« Der Außerirdische antwortet: »Du willst der Menschheit wirklich einen Dienst erweisen? Mach bessere Witze!« Humor. Darauf kommt es an.

Ich bin davon überzeugt, daß jeder Sinn nur in der Reflexion gefunden werden kann. *Nach Kambodscha schwimmen* ist der Versuch einer solchen Reflexion.

Ich möchte Peter Wollen dafür danken, daß er Susie Figgis auftrug, nach mir zu schauen, als sie nach New York fuhr, und Bob Carrol dafür, daß er Susie meine Telefonnummer gab, als sie in New York angekommen war. Außerdem mein Dank an Roland Joffe, ein guter Regisseur, und an David Puttnam, ein mutiger Produzent, dafür, daß sie mir die Möglichkeit gaben, Teil einer solch unglaublichen Erfahrung zu sein, aus der *The Killing Fields* wurde. Dank an die mehr als 150 Menschen, die Teil dieses Projektes waren und ganz besonders an die, die namentlich erwähnt sind oder auf die in *Nach Kambodscha schwimmen* verwiesen wird. Meine Anerkennung für ihr Verständnis und ihren Willen, in dieses ungewöhnlichste Nebenprodukt des Films mit einbezogen zu sein. Außerdem möchte ich William Shawcross erwähnen und ihm für sein unglaublich informatives Buch *Sideshow* (Simon & Schuster, 1979) danken, von dem ich viel des historischen Materials entnommen habe. Außerdem bin ich Sidney Schanberg und Elizabeth Becker zu Dank verpflichtet für ihre persönliche Mitarbeit. Sehr dankbar bin ich auch Elizabeth LeCompte und allen Mitgliedern der »Wooster Group« für ihre aufrichtige und fruchtbare Arbeit in der Performing Garage, dem Nährboden, auf dem diese Arbeit entstand. Und Dank an Renée Shafransky für ihre liebende Unterstützung. Und schließlich vielen Dank an TCG Publications Direktor Terry Nemeth und Laura Ross, meine Lektorin, die die Vorstellungskraft hatte, das, was sie zuerst nur hören konnte, als geschriebenes Stück zu sehen. Und an Jim Leverett für seine ehrliche und artikulierte Berichterstattung über all die Jahre hinweg.

– S. G.

August 1985

Teil 1

Es war der erste freie Tag seit langem, und wir alle versuchten, etwas Ruhe und Entspannung draußen am Pool dieses großen, modernen Hotels zu finden, das irgendwie aussah wie ein Gefängnis. Wenn überhaupt, würde ich es »Vergnügungsgefängnis« nennen. Es war so ein Ort, an dem man auf einer Pauschalreise nach Bangkok landen würde. Man kam mit einem gecharterten Bus an – und vermutlich hätte man das Gelände wegen des hohen Stacheldrahtzauns, der dazu da war, einen selbst drin und die Banditen draußen zu halten, kaum verlassen können. Hin und wieder hörte man dann noch Schüsse, weil die Hotel-Wachtruppe auf tollwütige Hunde am Strand des Golfes von Siam feuerte.

Aber wenn man wirklich am Strand dort spazierengehen wollte, brauchte man nur ein Stück Seeholz zu nehmen, es dem Köter ins Maul zu stecken, und alles war geritzt. Es war also unser erster freier Tag seit langem, und ungefähr 130 von uns waren draußen am Pool, um Ruhe und Entspannung zu finden. Die Thai-Kellner rannten umher, sprangen über Hekken, um uns »Kloster! Mehr Kloster!« zu bringen. Alle wollten Kloster Bier. Niemand wollte Singha, weil irgend jemand gesagt hatte, daß Singha, das auch in die Vereinigten Staaten exportiert wird, Formaldehyd enthält. Die Kellner rannten und sprangen über Hecken, weil sie nicht schnell genug bei uns sein konnten. Sie rannten, sprangen und lächelten – kein dämliches Lächeln, sondern ein hintergründiges Lächeln, ein herzliches Lächeln. Das hatte überhaupt nichts Idiotisches, weil die Thais ein Wort haben, das *sanug* heißt und frei übersetzt »Spaß« bedeutet. Und sie machen nie etwas, das nicht *sanug* ist – wenn es nicht *sanug* ist, rühren sie es nicht an.

Es gibt Leute, die sagen, daß die Thais die nettesten Menschen sind, die man für Geld kaufen kann, weil sie es mögen, Spaß zu haben. Sie wissen, wie man sich Spaß verschafft, und sie müssen, nachdem sie Spaß gehabt haben, nicht darunter leiden – was wohl mit ihrer sehr freizügigen Variante des Buddhismus zu tun hat.

Es war ein schöner Tag, und wir waren alle draußen am Pool, auch »die Sparks« (to spark – funkeln, d. Ü.) – so wurden die britischen Elektriker genannt – waren mit ihren Thai-Frauen hier draußen. Sie hatten die gute Angewohnheit – oder die schlechte Angewohnheit, das hängt vom Standpunkt ab –, sofort bei der Ankunft in Bangkok runter nach Pat Pong zu gehen und sich Frauen zu kaufen, um mit ihnen gemeinsam zu reisen. Man hat mir erzählt, daß sich jeder Mann zwei Frauen kauft, um das Risiko zu verringern, sich zu verlieben. Und da lagen also die Sparks wie 250 Pfund schwere, gestrandete Wale, während ihre 90 Pfund schweren »Thai-Ehefrauen« in ihren zweiteiligen Badeanzügen auf ihnen rauf und runter rutschten, um ihnen eine Shiatsu-Massage zu geben. Währenddessen rannte ein Thai-Kellner, sprang über eine Hecke, stolperte, fiel, seine Kloster flogen runter und explodierten auf dem Zement am Pool. Und als er mit einem breiten Lächeln aufschaute, sagte er: »Es tut mir sehr leid, Sir, aber das waren unsere letzten Kloster.«

Ivan (Teufel in meinem Ohr), ein Südafrikaner und der Kopf des zweiten Kamerateams, ein etwas mephistophelischer

Typ, sagte: »Spalding, heute abend gibt es oben am Golf von Siam eine Party. Kann ich vorbeikommen und mir deinen Fußnagelklipper ausleihen?«

»Klar.«

»Soll ich ein bißchen Thai-Gras mitbringen? Hast du Lust, einen Joint zu rauchen, bevor wir fahren?«

Ich dachte, warum nicht? Ich habe frei heute und habe noch nicht geraucht, seitdem ich hier bin. Warum nicht mal versuchen?

Also, jedesmal wenn ich in einem Land bin, wo das Marihuana ganz besonders gut sein soll – Mexiko, Indien, Nord-Kalifornien und jetzt Thailand – denke ich mir immer, daß ich es mal ausprobieren sollte. Vielleicht wäre es dieses Mal anders. Vielleicht wäre ich dieses Mal in der Lage zu schlafen, wie so viele andere Leute es angeblich tun. Vielleicht habe ich dieses Mal einen Anflug von Sich-wohl-Fühlen und eins zu sein mit der Welt. Man sieht, Marihuana scheint mein Kundalini auf die schlimmste Art und Weise zu verschließen und die ganze Energie bleibt einfach in meiner unteren Chakra stekken. Es bleibt einfach stecken und dreht sich wie eine Schlange, die ihrem Schwanz nachjagt, oder wie ein Studebaker, der im Sand festhängt.

Also sagte ich: »Klar, bring es mit.«

Dann dachte ich, vielleicht sollte ich warten, bis ich mit Renée gesprochen hätte. Renée war herübergekommen, um mich für vierzehn Tage zu besuchen; wir hatten vor, zusammen zurück nach New York zu fahren, sobald der Film fertig war. Wir hatten uns ein Sommerhaus in Upstate New York gemietet, in Krummville, und Krumville erschien mir weniger und weniger exotisch, je länger ich hier in Thailand war. Man muß das verstehen, ich hatte bisher noch nicht meinen Perfekten Augenblick gehabt, und ich möchte eben immer einen erleben, bevor ich aus einem exotischen Land wieder abfahre. Das ist

eine gute Art, Dinge zu beenden. Aber man kann ihn nie planen. Man weiß nie, wann sie kommen. Es ist so, als ob man sich verliebt... in sich selbst verliebt.
Außerdem hatte ich damit begonnen, mir ein Bild von mir selbst als wandernder Dichter-Junggeselle-Bettelmönch zurechtzubasteln, der sich an der Küste Malaysias durchschlägt, die ganze Zeit über Magic Mushrooms verschlingt, dann Bali erreicht und dort in einem Zustand der Ekstase im Sonnenuntergang verschwindet. Aber das erzählte ich natürlich nicht Renée. Ich hatte ihr nur erzählt, daß ich mir nicht ganz sicher wäre, wann ich nach Hause zurückkäme, und das reichte schon, sie wütend zu machen. Wir hatten dann auf dem Weg zur Party einen Riesenstreit, der bis zum Golf von Siam dauerte. Und da waren wir, stritten uns an diesem phantastischen Strand, ganz anders als der in Hamptons, kein Boot und noch größere Boote, kein Schiff und noch größere Schiffe, keine Möhre und Möhre und Verlangen und Verlangen. Es war einfach nur ein großer Strand ohne Boote. Nichts zu kaufen. Einfach ein großes Stück Kalender-Kunst.
Und Renée und ich spazierten am Strand entlang und stritten uns, und ich sagte: »Hör auf, Renée. Hör auf zu streiten. Guck dir diesen wunderbaren Sonnenuntergang an. Schau doch! Schau doch! Ich könnte jetzt meinen Perfekten Augenblick haben, und wir könnten nach Hause fahren.«
Aber Renée hatte dafür nichts übrig. Sie ist extrem streitsüchtig und will immer über das reden, was in unserer Beziehung vor sich geht, und nicht über den Sonnenuntergang. Sie ging also zu Therese, um sich auszuweinen, und zu Julian, um mit ihm zu reden, und ich ging zu Ivan (Teufel in meinem Ohr), der sagte: »Spalding, laß sie nicht die Oberhand gewinnen, Mann. Außerdem, ich meine, wieviel straighte, alleinstehende Männer in deinem Alter gibt es denn noch in New York? Was soll sie denn sonst machen?« Und ich antwortete: »Ivan, nein. Sag nicht so was.« Dann kamen Renée und ich für

eine nächste Runde aus unseren Ecken, bis sie dann endlich sagte: »Hör zu, ich stelle dir ein Ultimatum. Entweder heiratest du mich, oder du sagst mir jetzt ein genaues Datum, wann du zurückkommst.«
Ich überlegte einen kurzen Moment und sagte: »8. Juli. Ich bin am 8. Juli wieder zurück.«

Dann war es Zeit für das Vergnügen. Wir hatten uns gestritten, die Sache bereinigt, und nun war es Zeit für *sanug*. Das ist die Reihenfolge, die unserer Mentalität entspricht. Wir gingen also runter zum Strand und setzten uns mit Ivan ans Wasser. Es war mittlerweile dunkel geworden, die Wellen liefen sanft aus, während die Partygeräusche aus der Ferne zu hören waren. Wir waren die einzigen Menschen unten am Strand, unter den Sternen, und es war schon fast zu viel, zu schön, um es ertragen zu können. Ivan zündete einen Thai-Joint an und reichte ihn herum.
Ich nahm drei tiefe Züge, und während ich den Rauch einbehielt, überfiel mich eine überwältigende Angstwelle. Ich schloß meine Augen und sah einen Haufen brauner und schwarzer Scheiße, die am Rand einer rostfreien Theke dampfte. Die Scheiße war kalt, dampfte trotzdem, und ich wußte, daß sie all die negative Energie in meinem Kopf verkörperte. Ich konnte eine Schnur sehen, die von meinen Augen bis zur Scheiße reichte, und ich wußte, wenn ich an dieser Schnur zöge, könnte ich die ganze Scheiße vom Rand der rostfreien Stahltheke runterziehen. Ich zog daran, und während ich zog, erkannte ich neben der Scheiße einen Haufen fettiger, pastellfarbener Energie, die fünf Zentimeter über der rostfreien Stahltheke schwebte. Ich sah, daß diese pastellfarbene Energie mit der Scheiße durch Stricke einer Farbpalette von Pastell bis Scheißbraun verbunden war. Das war der Augenblick, in dem ich erkannte, daß ich, wenn ich die negative Energie von der Theke zöge, gleichzeitig auch die posi-

tive mit runterkäme und mir nur eine rostfreie Stahltheke übrigbliebe. Und soweit war ich noch nicht mit meinem Leben. Und als ich das erkannte, wurde aus der Theke ein Tunnel, von dem ich mit der Geschwindigkeit eines Santa Cruz Roller Coaster verschluckt wurde. Aber diesmal war der Tunnel nicht schwarz, ich wußte also, daß ich gesünder wurde. Seine Farbe war blattgold, und die Blätter spreizten sich wie Palmwedel, oder die Iris eines großen Auges, während ich auf dem Weg zum Mittelpunkt der Erde schneller wurde, bis ich so schnell wurde, daß ich es nicht mehr aushalten konnte, mich zurückzog, die Augen öffnete, in den Sand griff und ein lautes WOOOOW ausstieß.

Als ich meine Augen öffnete, war Ivan da, aber Renée nicht. Sie mußte wohl den Strand heruntergegangen sein. Ich hatte keine Ahnung, wo ich war. Alles sah so aus und fühlte sich so an wie ein wahnsinniges Wallace-Stevens-Gedicht mit Lebensmittelvergiftung, und in der Entfernung sah ich etwas, was so aussah wie eine Gruppe thailanesischer »Mädchen-Späher«, die um ein Lagerfeuer tanzten. Ich dachte, wenn ich in diesen Kreis reinkäme und ihre Hände halten könnte, dann wäre ich wieder eins mit mir selbst. Ich wäre geheilt, und ich wäre wieder zurück in der richtigen Zeit. Ich stand auf und versuchte, Richtung Feuer zu gehen, mußte aber feststellen, daß ich wie ein betrunkener Bowery-Penner zu Boden fiel, wie ein betrunkener Teenager oder Verbindungsstudent, der ich nie gewesen war. Und plötzlich wurde mir klar, daß ich sehr krank wurde, und ich kroch wie ein Thai-Hund in eine entfernte Ecke des Strandes.

Wieder kam es hoch, und jedesmal, wenn die Kotze auf der Erde landete, bedeckte ich das Ganze mit Sand; und der Sand, mit dem ich alles bedeckte, wurde zu einer schwarzen, schleierhaften Todesmaske, die hochflog und mein Gesicht bedeckte. So ging das die ganze Zeit; Kotze – bedecken –

Maske, Kotze – bedecken – Maske, bis ich dann runter schaute und sah, daß ich einen vollständigen Körper auf dem Sand gebaut hatte, und es war mein Körper. Es war meine eigene verwesende Leiche, die mich anstarrte. Ich konnte die Zähne sehen, die sich durch die faulenden Lippen drückten, und die Rippen, die durch das verwesende Fleisch an meinen Seiten rauskamen. Ich schaute hoch und sah Renée, die über mir stand und sagte: »Stimmt was nicht, Liebling?«
»Ich sterbe, das ist es, was nicht stimmt.«
»Ach, ich dachte, du würdest dir die Zeit vertreiben, indem du Sandburgen baust.«
Sie hatte mich aus der Entfernung beobachtet.
Zwei Männer, ich weiß nicht wer, brachten mich weg, einen Arm über der einen Schulter, den anderen Arm über der anderen Schulter, wie ein betrunkener, gekreuzigter Seemann. Und ich war außer mir, weil ich schließlich am nächsten Tag für meine große Szene im Film eingeplant war.

Im Februar 1983 traf ich Roland Joffe, einen unglaublich guten Dokumentar-Filmer aus Großbritannien. Er war sehr beeindruckend – eine Kombination aus Zorro, Jesus und Rasputin, der Körper von Zorro, das Herz von Jesus und die Augen von Rasputin. Roland war nach New York gekommen, um die Schauspieler für einen neuen Film, *The Killing Fields*, auszusuchen, einer David-Puttnam-Produktion, und ich sollte vorsprechen. Peter Wollen hatte einen meiner Monologe gesehen und erzählte Susie Figgis, die bei der Rollenbesetzung mitarbeitete, von mir, worauf sie einen Vorsprechtermin mit Roland vereinbarte.
Es war etwas ganz anderes als alles, was ich bisher in solchen Situationen erlebt hatte. Roland ließ mich nicht lesen, er stellte mir noch nicht mal eine einzige Frage. Er übernahm das Reden, und ich mußte zuhören; er redete und redete. Er redete fast vierzig Minuten nonstop. Roland erzählte mir die

Geschichte von *The Killing Fields*. Es war die Geschichte eines Reporters der *New York Times* namens Sidney Schanberg und seines Helfers Dith Pran, einem kambodschanischen Fotografen. Es ging um die Aufdeckung der Geschichte der geheimgehaltenen Bombenangriffe auf Kambodscha durch die beiden, und wie Schanberg und Pran in Phnom Penh zurückblieben, als die amerikanische Botschaft evakuiert wurde, weil sie über den Einmarsch der Roten Khmer berichten wollten. Sie wollten herausfinden, ob es zu einem Blutbad kommen würde oder nicht. Deswegen flohen sie in die französische Botschaft, um sich zu verstecken, und als die Roten Khmer in die Stadt marschierten, kamen sie direkt zur französischen Botschaft und forderten: »Alle Kambodschaner raus, oder alle werden sterben.« Dith Pran mußte deswegen in den fast sicheren Tod entlassen werden, weil die Roten Khmer jeden Kambodschaner töteten, der mit den Amerikanern in Verbindung stand. Fast alle hatten also die Hoffnung für Dith Pran aufgegeben, nur Schanberg gab nie auf und suchte ihn, bis er ihn nach drei Jahren in einem thailändischen Flüchtlingslager aufspüren konnte. Er brachte ihn nach New York, wo Pran nun für die *New York Times* arbeitet.
»Tolle Geschichte«, sagte ich. »Hört sich phantastisch an. Hört sich so an, als ob sie erfunden wäre. Ich möchte dir sagen, daß ich sehr gerne irgendeine Rolle in diesem Film hätte, nur um dabeizusein. Aber ich muß leider zugeben, daß ich von dem, was du erzählt hast, überhaupt nichts weiß. Ich bin nicht sehr politisch – eigentlich habe ich sogar noch nie in meinem Leben gewählt.«
Und Roland sagte: »Wunderbar! Wir suchen noch einen amerikanischen Botschaftsgehilfen.«
Er fuhr fort: »Aber damit sage ich nicht, daß du die Rolle hast. Ich muß noch eine Menge anderer Leute treffen, und ich muß auch erst noch warten, wie das alles Gestalt annimmt und die ganze Besetzung zusammenpaßt. Ich fahre noch an

die Westküste, um ein paar Leute zu treffen, und werde in einigen Monaten zurückkommen. Dann sollten wir noch mal miteinander reden.«

Ich sagte auf Wiedersehen und ging, und während ich aus dem Raum ging, dachte ich, ich will wirklich dabeisein in diesem Film. Tatsächlich, ich möchte an diesem Film lieber mitmachen als bei jedem anderen Projekt, das man mir angeboten hat. Gleichzeitig hatte ich jedoch keine Ahnung, was ich noch tun könnte, um diese Rolle zu bekommen. Das war auch ein wesentlicher Grund dafür gewesen, daß ich es aufgegeben hatte, ein professioneller Schauspieler werden zu wollen. Ich konnte es einfach nicht ertragen, darauf zu warten, daß sich diese große, gleichgültige Maschine ihre sogenannte Meinung macht. Ich wollte etwas Macht haben, um die Ereignisse in meinem Leben beeinflussen zu können.

Ich konnte es nicht ertragen, alles dem Glück zu überlassen, und das erste, was mir einfiel, war *Beten*. Aber ich dachte mir, das ist so lange her, Gott weiß bestimmt, daß ich aufrichtig bin.

Das nächste, was mir einfiel, waren *Beziehungen*. Also, nein, vielleicht waren es zuerst *Beziehungen* und dann das *Beten*… Aber egal, ich hatte keinerlei Beziehungen zur britischen Filmindustrie. Die nächste Stimme, die zu mir sprach, war diese alte, vernünftige, gefaßte Stimme, die wir alle so gut kennen: »Wenn ich es schaffe, schaffe ich es. Wenn nicht, eben nicht. Dann werde ich eben etwas anderes machen. Außerdem kann ich immer noch sehen und gehen.« Und meine Mutter hatte mir immer gesagt: »Denk an die hungernden Koreaner.« Ich bemühte mich.

Aber meine unvernünftige, unterbewußte Stimme hatte damit nichts zu tun und versetzte mich in einen Zustand, den ich nicht anders bezeichnen kann als zwanghaft magisches Denken – was mir dann auch bald außer Kontrolle geriet.

Es fing alles ganz unschuldig in meinem Wohnloft an. Ich fand heraus, daß ich mein Loft nicht verlassen konnte, ohne daß ich erst positive Worte aus meinem kleinen KLH-Radio hören mußte, um abschalten zu können. Und wissen Sie, wie schwer das heute ist? Ich stand dann immer am Radio, die Hand am kleinen Knopf, damit ich ganz schnell abschalten konnte, sobald ich ein positives Wort hörte.
»Die Aktienkurse *steigen*.« (Klick)
»... in Betracht gezogen worden, Marines in *sichere*...« (Klick)
»Sie können natürlich auch zu einem Doktor gehen, der zur AMA gehört, aber das heißt nicht unbedingt, Sie gehen zum *besten*.« (Klick)
Und dann konnte ich aus meinem Loft gehen. Und beim Rausgehen – habe ich festgestellt – drehte ich den Türknauf immer dreimal. Die Drei wurde für mich sehr wichtig, genauso wie die Tatsache, daß der rechte Schuh immer vor dem linken kommt. Ich achtete immer sehr genau darauf, daß der rechte Schuh immer vor dem linken steht, wenn ich die Schuhe am Bett ausgezogen hatte. Und wenn ich eine Straße entlang gehen wollte, achtete ich immer darauf, daß ich den ersten Schritt mit dem rechten Fuß machte, wobei ich mit den Fingern dreimal schnippte, danach weiter in Dreier-Einheiten, dann mit drei Fingern in Sechser-Einheiten auf dem Weg zum Supermarkt, um Suppe zu kaufen, wobei nur jede dritte Dose die richtige war. In den beiden davor war verdorbenes Fleisch.
Dann ging ich zu Barnes & Nobles, den ganzen Weg fingerschnippend, auf der Suche nach Büchern über Kambodscha. Dort angekommen, ging ich zu einem Stapel Bücher im Anbau und zog jedes dritte Buch heraus und flüsterte mir selbst zu: »Das hier hat Kraft.«
Dann drehte ich mich um und sah einen Mann hinter mir, der von Stapel zu Stapel eilte. Ich wußte sofort, daß er nicht für

Barnes & Nobles arbeitet; er trug einen Mantel und hatte Zeitungspapier in den Ohren, und ich dachte mir, das ist doch wieder so eine der therapeutischen Freuden, wenn man in New York lebt. Wann immer du glaubst, du wirst verrückt, brauchst du nur über deine Schulter zu gucken. Das war, kurz bevor diese kleinen Zwänge ausgeprägter und mein Zustand komplexer wurde. Ich ging eine Straße entlang, ein Mann kam auf mich zu, und ich dachte nur, ich muß jetzt diesen Laternenpfahl auf meiner rechten Seite haben und den Mann auf meiner linken und uns drei alle auf einer Linie, genau am Ende des dritten Schnippens in einer Serie von sechsmal Fingerschnippen. Dann dachte ich, Moment mal, Laternenpfahl auf der rechten Seite, oder der Mann? Was ist wichtiger – Mann oder Laternenpfahl? Und, rums, war ich in den Mann gelaufen.
Das war der Augenblick, in dem ich erkannte, daß mir das ganze außer Kontrolle geriet. Ich überlegte mir, daß ich es etwas langsamer angehen mußte, oder ich würde weggesperrt, bevor ich überhaupt die Rolle bekam. Ich glaube, das war dann der Punkt, an dem der »Kleine König« die Macht übernahm. Diese Über-Ich-Figur übernahm die Verantwortung und versetzte mich in einen Zustand, der sehr neu für mich war. Ich muß das einen Willen nennen. Und diese Kleine-König-Über-Ich-Figur gab kund, daß wenn ich meinen Willen zwänge, mit diesem magischen Denken aufzuhören, mir dieser Akt des Wollens, der wollende Wille, mir mehr Kraft gäbe, die Rolle in dem Film zu bekommen.

Ungefähr zu der Zeit, als ich meinen Willen entwickelte, wurde ich nach Los Angeles eingeladen, um meine Monologe dort vorzutragen. Ich bekam gute Kritiken und wurde von Warner Brothers Television angerufen: »Wollen Sie nicht vorbeikommen und lesen? Egal was, nur vorbeikommen und lesen.«

»Warum kommen Sie nicht und sehen sich meine Monologe an? Es ist nur ein paar Meter die Straße hoch.«
»Also, wir haben für so was keine Zeit, wir gehen hier früh zu Bett. Aber könnten Sie nicht kommen?«
Was man mir zum Vorlesen ausgesucht hatte, war eine Komödie – eine Pilotsendung, die »abgesetzt« oder »geschnitten« wurde oder was auch immer der Begriff für eine Sendung ist, die im Archiv landet, weil sie zu schlecht ist. Das war also der Text.
Ich sollte die Rolle von Howard lesen, und meine Frau war Harriett. Ich begann: »Aber ich will meine Sonntage nicht damit verbringen, in Begleitung deiner Schwester und ihres nervenden Ehemanns Nüsse zu essen.«
Harriett antwortete: »Ach, komm. Du weißt doch auch, daß du Norman magst.«
»Harriett, der Gedanke an Norman läßt keinen einzigen Teil meines Körpers lächeln.«
»Mach dich fertig. Und zieh dir deine Schuhe an.«
»Warum? Die wissen doch, daß ich Füße habe.«
»Los, du weißt, daß das inzwischen eine Art Tradition geworden ist, daß sie sonntags rüberkommen.«
»Tradition? Nun hör mal zu, Harriett. Einen Weihnachtsbaum zu schmücken, das ist Tradition. Das Feuerwerk am vierten ist Tradition. Aber deine Schwester und ihren nervenden Ehemann hier zu haben, damit sie ihre Skelette auf meiner Couch ablegen, bei mir fernsehen und alle Cashewkerne aus der Nußschale heraussuchen – das entspricht nicht meiner Vorstellung von Tradition!«

Ich bekam die Rolle nicht. Ich glaube, ich habe sie etwas zu hart gelesen. Viel zu sehr ostküstenintellektuell. Ich war also auf dem Weg nach draußen, und – Gottes Wege sind merkwürdig – siehe da, ich traf Roland Joffe, der hier war, um *The Killing Fields* zu besetzen. Warner Brothers steckte jetzt

Geld in den Film, außerdem wollten sie ihn in den Verleih nehmen, deswegen ließen sie ihn ein Büro benutzen.
Roland sagte: »Wir sollten noch mal miteinander reden.«
Ich ging nach Hause, zog mein weißes Hemd, eine pinkfarbene Krawatte und meine Tweed-Jacke an und ging zurück zum Studio. Roland redete wieder auf mich ein, diesmal eine dreiviertel Stunde. Wieder redete er die ganze Zeit darüber, was für ein unwahrscheinliches Land Kambodscha war, bevor es kolonialisiert wurde, daß sie dort eine so freizügige und sinnliche Version des Buddhismus haben, daß die Kambodschaner keine Probleme mehr mit unnötigen Schuldgefühlen hätten. Thailand sei, mit Kambodscha verglichen, ein nordisches Land – Thailand sei Schweden, verglichen mit Kambodscha, das eher so sei wie Italien. 90 Prozent der Kambodschaner hätten eigenes Land, dreckiges Land, aber es wäre Erde und damit saubere Erde. Sauberer Dreck. Und sie seien so glücklich.
Die Kambodschaner wüßten, wie man Spaß hat. Sie wüßten, wie man bei der Geburt Spaß hat. Wie man Spaß hat beim Aufwachsen, Spaß in der Pubertät, Spaß beim Verlieben und dabei, verliebt zu bleiben, Spaß beim Heiraten und Kinderkriegen, Spaß bei der Erziehung der Kinder und Spaß beim Altwerden und Sterben. Sie wüßten sogar, wie man Silvester Spaß hat. Ich konnte es nicht glauben. Nur, laut Roland, hätten sie jedes Gespür für das Böse verloren. Weil es so ein schönes, zartes Land sei, hätte man jedes Gespür für das Böse verloren. Die Situation sei mit den tantrischen Kolonien an der Ostküste von Indien zu vergleichen. Sie waren so zugänglich, daß die Hunnen nur hinzugehen brauchten und sie dann aufaßen wie Kirschen mit Schokoladensoße. Und das gleiche würde mit den Kambodschanern passieren. Auch die Samoaner zum Beispiel haben eine solche sehr angenehme Kultur, nur unterziehen sie ihre Kinder einem schmerzhaften Tätowierungsritual, damit sie ein realistisches Verhältnis zum

Schmerz bekommen. Ich konnte mir keine klare Vorstellung von Kambodscha machen. Ich hatte zwar die Landkarte im Kopf, konnte es aber nicht in eine räumliche Beziehung zu anderen Ländern setzen. Deswegen schaute ich mir noch mal eine Karte an, und da war es, ungefähr so groß wie der Bundesstaat Missouri. 1965 lebten dort ungefähr sieben Millionen Einwohner, davon 600000 alleine in der Hauptstadt Phnom Penh. Es gibt einen großen Süßwassersee genau in der Mitte für die verschiedensten Erholungsmöglichkeiten, dann Angeln an der Küste, Seehäfen am Golf von Siam. Und 1966 erlaubte der glückliche, sexy aussehende Prinz Sihanouk den Vietnamesen, an der Grenze einige »Heiligtümer« zu errichten – vielleicht wegen seiner buddhistischen Toleranz und Offenheit.
Die American Air Force regte sich darüber sehr auf, insbesondere ein General, der sich sicher war, daß es sich dort um ein zentrales Hauptquartier handelte, etwa von der Größe des Pentagon, von dem aus die Vietnamesen Befehle aussandten. Vielleicht war es sogar ein Nachbau des Pentagon – ich glaube, die Air Force war davon überzeugt.
Und wenn man dieses zentrale Hauptquartier loswerden könnte, indem man von Bangkok ein paar B-52 vorbeischickt... man müßte noch nicht mal der amerikanischen Öffentlichkeit davon erzählen: »Wer muß das wissen? Man kann das auf einen Schlag erledigen, und wir sind das zentrale Hauptquartier los.« Der General berief deswegen ein geheimes Treffen im Pentagon ein, das – natürlich – »Operation Breakfast« genannt wurde. Und bei dieser »Operation Breakfast« wurde das *Menü* geplant.
Es war, wie man sich vorstellen kann, eine merkwürdige Diät. Die Bomber kamen aus Bangkok wie fliegende Motels, ließen ihre Bomben computergesteuert auf all die Heiligtümer fallen bis dorthin, wo sie das Hauptquartier vermuteten, und an der ganzen Ho-Chi-Minh-Versorgungslinie entlang.
Aber anstatt den Vietkong zurückzudrängen, hatte die

»Operation Breakfast« den gegenteiligen Effekt. Sie trieb ihn weiter hinein in den kambodschanischen Dschungel, wo sie sich mit dieser verrückten Bande von Rednecks, die Roter Khmer hieß, zusammentaten, die von Pol Pot sowie Khieu Samphan und Ieng Sary geführt wurde. Sie waren in Paris nach strikter maoistischer Doktrin ausgebildet worden, plus einer kleinen Prise Rousseau, die auch noch in die Suppe kam.
Heraus kam dabei eine sehr merkwürdige Ansammlung von Banditen, die vom Vietkong ausgebildet wurde, im Dschungel herumhing und sich von Baumrinden, Blättern, Eidechsen und Käfern ernährte. Sie hatten eine rassistische Blut- und Boden-Gesinnung, jenseits dessen, was Hitler sich je erträumt hatte. Aber sie hatten kein anderes Feindbild als die Stadtbewohner von Phnom Penh. Man muß es sich vorstellen wie einhunderttausend Rednecks, die sich in New Paltz, New York, neunzig Meilen außerhalb der Stadt, zusammenrotten und kurz vor dem Einmarsch stehen.
Nun, zur gleichen Zeit, als der Vietkong die Roten Khmer ausbildete, wurde Sihanouk entthront, möglicherweise durch einen CIA-Plot. Ersetzt wurde er durch Lon Nol, General Lon Nol, früher einmal der Premierminister von Prinz Sihanouk. Wie ein politischer Kartoonist damals bemerkte, war das einzige, was wir über »Lon Nol« wußten, daß er rückwärts buchstabiert »Lon Nol« hieß.

Gut, ein Brite muß einem also die eigene Geschichte erzählen. Als nächstes erzählte mir Roland, daß Präsident Nixon zur gleichen Zeit am Damm von Key Biscaye seine Madman-Theorie entwickelte. Er sagte zu Bob Haldeman: »Hör zu, Bob. Laß es irgendwie raussickern, daß ich verrückt geworden bin, verstehst du, dann wird der Vietkong glauben, daß ich den Knopf drücken werde – du weißt doch, wie schießlustig ich bin. Sie werden dann mit ihrer ganzen Bombardiererei aufhören.«

Um diese Madman-Theorie zu entwickeln, schaute er sich jede Nacht Wiederholungen von *Patton* in seinem Schlafzimmer an, und er ließ sich militärisch von Bebe Rebozo und John Mitchell beraten.
Roland erinnerte mich daran, daß ungefähr zur gleichen Zeit sich auch dieser Vorfall bei Kent State ereignet hatte. Ich erinnerte mich zwar an Kent State, hatte es aber mit dem Vietnam-Protest in Verbindung gebracht und vergessen, daß es ein direkter Protest gegen die Invasion in Kambodscha war. Außerdem wußte ich nicht, daß es den meisten der US National Guards nicht erlaubt war, scharfe Munition für ihre Waffen zu benutzen, in Ohio dagegen doch. Gouverneur James Rhodes hatte nach der National Guard gerufen, weil die Demonstranten das ROTC-Gebäude in Kent stürmten; an einem schönen Maitag wurden 15 Menschen angeschossen, vier unbeteiligte Passanten getötet. Roland erzählte mir, daß es eine Umfrage wegen dieser Reaktion gegeben hatte, wobei der Großteil der amerikanischen Öffentlichkeit meinte, daß die Schießerei berechtigt war. Das führte zu enormen Meinungsverschiedenheiten und einhunderttausend Demonstranten zogen zum Weißen Haus. Haig zog im Keller des Weißen Hauses Truppen zusammen, er dachte, es käme zu einer Belagerung. Laut Shawcross soll Nixon die ganze Nacht nicht geschlafen haben; er blieb die ganze Nacht auf und führte Telefongespräche. Er machte fünfzig Anrufe, acht bei Kissinger, sieben bei Haldeman, einen bei Norman Vincent Peale und einen bei Billy Graham. Nach einer Stunde Schlaf stand er auf und hörte Rachmaninoffs Concerto No. 1 und ging dann mit seinem kubanischen Diener, Manolo Sanchez, zum Lincoln Memorial, um mit den Demonstranten über Surfen, Fußball und darüber, wie sehr Reisen doch den Horizont erweitert, zu plaudern. Roland berichtete sogar von einem Studenten, der sagte: »Ich hoffe, es hatte nur damit zu tun, daß er müde war, aber als er mich fragte, auf welchem

College ich wäre, und ich es ihm sagte, fragte er: ›Wie läuft es denn mit eurem Football-Team in diesem Jahr?‹«
Jetzt wollten Kollegen und Freunde – eigentlich weiß ich nicht, ob er Freunde hatte – also Kollegen von Kissinger, daß er zurücktritt. Kissinger antwortete: »Was ist denn, wenn ich zurückgetreten bin und der Präsident bekommt einen Herzanfall? Dann bleibt uns nur noch Agnew. Und das ist der einzige Grund, warum ich bleibe, für die nationale Sicherheit.«

Wegen all dem wurde im Kongreß das Cooper-Church-Amendment angenommen. Hinter dem Amendment stand die Absicht, den Einmarsch von Bodenhilfstruppen in ein Land, dem nicht der Krieg durch Senat oder Kongreß erklärt worden war, zu verhindern. Aber Roland erinnerte mich daran, daß wir nicht in einer Demokratie leben. All das hatte ich vergessen: Der Präsident ist Hauptbefehlshaber der Armee und kann ganz einfach den Senat und Kongreß umgehen. Genau das machte er. Nixon sagte immer: »Bombardieren, bombardieren, bombardieren.« Und die Bomben fielen immer weiter. Das einzige, was der Protest erreichte, bestand darin, Nixon soweit zu ängstigen, daß er erklärte: »Keine Bodenhilfstruppen mehr tiefer als zwanzig Meilen auf kambodschanisches Gebiet.« Wie sie das kontrollierten, weiß ich nicht; ob die Truppen Kilometerzähler an ihren Beinen hatten oder was auch immer. Aber nach einundzwanzig Meilen mußten sie sofort umkehren oder sich in Kürbisse verwandeln.
Während dieser Zeit wurde Alexander Haig rübergeschickt, um mit Lon Nol zu sprechen, weil man Lon Nol gesagt hatte, daß keine amerikanischen Truppen in Kambodscha bleiben sollten. Lon Nol sah darin natürlich den Untergang seines Landes. Das war eindeutig. Für jeden ersichtlich. Er ging ans Fenster und weinte.

Haig kam dann zurück und berichtete dies der amerikanischen Regierung – daß Lon Nol in seiner Gegenwart geweint hätte. Die amerikanische Regierung war daraufhin so erzürnt, daß sie einen offiziellen Psychiater rüberschickte, um Lon Nol wegen Weinens in der Öffentlichkeit zu untersuchen. Er kam zurück und berichtete, daß Lon Nol ein unstrukturiertes, verworrenes Individuum sei. Nicht nur das, er machte auch astrologische, okkulte und folkloristische Bezüge in seinen Ansprachen an die Nation. Kann man sich das vorstellen? »Meine amerikanischen Mitbürger, ich werde in den nächsten zwei Wochen das Haus nicht verlassen, weil der Mond in den Zwillingen steht.«

Das brachte die Amerikaner zum Ausflippen, und deswegen wurde ein vollständiger Bericht über Lon Nol verfaßt, in dem detailliert seine verrückten Rituale beschrieben wurden. Eins zum Beispiel war, seinen Soldaten die Haut aufzukratzen, um den Geist Buddhas hineinzulassen. Ein anderes Ritual war der Versuch, die Truppenstärke des Vietkong größer erscheinen zu lassen als sie war. (Ich weiß nicht, wie sie das angestellt haben, mit Vogelscheuchen oder so was, aber es führte zur Erpressung großer Mengen amerikanischen Kapitals.) Das dritte Ritual hieß »Lieferung von Gras an die Truppen«. Ich bin mir nicht sicher, was das bedeutet, ich nehme an, sie schickten Marihuana an die Front, aber ich weiß nicht, warum man in einem Regierungsbericht von Gras anstatt Marihuana redet. Viertens wurden alle Buddha-Statuen in Blickrichtung Phnom Penh gedreht, weg von China, wohl um die Stadt wieder mit neuem Leben zu erfüllen. Nummer fünf, die Kambodschaner debattierten viel, konnten sich aber nicht entscheiden. Die Frage nämlich war, ob man die alten magischen Markierungen auf den Uniformen der früheren Khmer-Krieger in den Museen für die Ausrüstung der Soldaten übernehmen sollte. Diese Markierung war früher dazu dagewesen, Steine und Pfeile abzuweisen, niemand wußte

aber, ob sie auch stark genug waren, um Kugeln abzuweisen. Das war immer noch in der Diskussion.
Während darüber debattiert wurde, entschloß sich, laut Roland, Donald Dawson, ein unbesungener Held, Rückgrat zu zeigen. Er gehörte der religiösen »Christian-Sience«-Sekte an und flog B-52 Angriffe von Bangkok aus. Als er auf Heimaturlaub war, sah er die West Side Story im Fernsehen, aber er sah nur abgeschmissene Bomben, schreiende Menschen, sterbende Menschen – er halluzinierte. Als er zurückkam, um seine Einsätze zu fliegen, fand er heraus, daß eine kambodschanische Hochzeitsgesellschaft durch einen Zufall ausgelöscht worden war. Seine eigene Hochzeit war für ihn das Heiligste in seinem Leben, und er weigerte sich daraufhin weiterzufliegen; er wurde dann vor ein Kriegsgericht gestellt.
Dawson traf dann drei andere Flieger, die sich auch weigerten weiterzufliegen, und sie begannen, zusammen mit der Hilfe von Elizabeth Holtzmann, einer New Yorker Kongreßabgeordneten, und der ACLU eine Anklage vor dem Supreme Court vorzubereiten. Das Supreme Court hatte sich bisher noch nicht mit der Illegalität dieser Bombardierungen beschäftigt, die doch schon Jahre andauerten, aber zufällig gab es damals wahrscheinlich keine Sitzungsperiode. Die ACLU brachte den Fall vor Thurgood Marshall, der der Sache wohlwollend gegenüberstand. Dann mußten sie den Fall auch vor William Douglas bringen, der sich in Goose Prairie, Washington, auf einer Berghütte ohne Telefon befand. Es schien keine Möglichkeit zu geben, ihn zu erreichen. Aber Burt Neuborn von der ACLU flog nach Goose Prairie, wanderte zur Hütte, präsentierte Douglas den Fall, und der zeigte sich genauso wohlgesonnen. Donald Dawson wurde, als sich der Supreme Court zu einer Sitzung treffen wollte, um über die Bombardierung zu entscheiden, von der US Air Force als Kriegsdienstverweigerer anerkannt, so daß sich der Supreme

Court nicht mehr zu treffen brauchte; fünf Jahre ging die Bombardierung noch weiter, nie kam es zu einer Sitzung darüber im Supreme Court. Und heute noch stellen die Generäle mit Stolz fest, daß diese Bombardierungen 25 Prozent des Feindes vernichteten. Das sind 16000 Tote, sagt man. Es gibt eine militärische Weisheit: Vernichtet man mehr als 10 Prozent des Feindes, führt das zu irreversiblen psychologischen Schäden beim Feind.
Dieses fünfjährige Bombardement also brachte die Roten Khmer dazu, den schlimmsten Völkerselbstmord in der modernen Geschichte zu begehen. Außerdem vielleicht noch die traditionelle Diät aus Baumrinden, Käfern, Eidechsen und Blättern, die Ausbildung in Maoismus mit einer Spur Rousseau und einige andere Dinge, die wir wohl nicht zu unseren Lebzeiten erfahren werden, inklusive vielleicht einer unsichtbaren Wolke des Bösen, die um die Welt kreist und sich auf gut Glück einmal über Deutschland, dann über Kambodscha, wohl auch über Iran und Beirut, vielleicht sogar Amerika festsetzt.

Immer wenn ich reise und etwas Zeit habe, nehme ich den Zug. Ich mag es, im Speisewagen rumzuhängen. Ich höre dort immer gute Geschichten – phantastisch! Vielleicht, weil man glaubt, daß man mich nie wieder sehen wird. Wie ein großer, rollender Beichtstuhl. Ich war auf dem Weg von Chicago nach New York, als dieser Typ auf mich zukam und sagte: »Hi, ich heiße Jim Bean. Gestatten Sie, daß ich mich setze?«
»Bitte. Ich heiße Spalding Gray, nehmen Sie Platz. Und, was gibt's, Jim?«
»Ach, nicht viel. Ich bin bei der Navy.«
»Wirklich? Wo sind Sie stationiert?«
»Guantanamo Bay.«
»Wo ist das?«
»Kuba.«

»Wirklich? Und wie ist es da so?«
»Oh, wir dürfen natürlich nicht rein nach Kuba, Mann. Das ist absolut verboten. Immer wenn wir Rock 'n' Roll wollen, fahren wir auf die Virgin Inseln. Wir kriegen kostenlose Flüge dorthin.«
»Was macht ihr da?«
»Flachgelegt werden.«
»Von Nutten?«
»Nein. Für Sex habe ich noch nie bezahlt. Ich werde von Pärchen aufgerissen. Ich mag es zu swingen, ich meine, ich stehe drauf, verstehst du? Dreier, Dreiecksverhältnis, Pyramiden – da steckt eine Menge Power hinter.«
Ja, das konnte ich mir vorstellen, wie er angemacht wird. Er war hübsch genug. Heimtückisch, aber immer noch hübsch genug. Das einzig Auffällige an ihm waren seine Ohren, die nicht mitgewachsen waren. Wie kleine Nudel-Muscheln. Als ob sein Körper gewachsen wär und die Ohren noch nicht aufgeholt hätten.
Ich sagte: »Wohin geht's?«
»Pittsburgh.«
»Pittsburgh, mein Gott. Was gibt's da?«
»Meine Frau.«
»Wirklich? Wann haben Sie sie das letzte Mal gesehen?«
»Oh, vor ungefähr einem Jahr.«
»Ich wette, sie war bestimmt auch ein bißchen Swingen.«
»Nein, Mann. Ich kenn' sie. Sie hat verdammte Spinnweben zwischen ihren Beinen. Mir würde es überhaupt nichts ausmachen, sie mal von irgendeinem Typen ficken zu lassen und mir das anzuschauen, nein, das würde mir wirklich nichts ausmachen.«
»Nun, das ist wirklich eine ziemliche Reise, von Kuba nach Pittsburgh.«
»Nein, nein. Ich bin nicht mehr auf Kuba stationiert. Ich bin jetzt in Philly.«

»Und was gibt es da in Philly?«
»Kann ich Ihnen nicht sagen. Auf keinen Fall. Top secret.«
»Ach, kommen Sie, Jim. Top secret in Philadelphia? Das kannst du mir doch erzählen.«
»Auf keinen Fall.«
Und er trank noch fünf Cola-Rum und erzählte mir, daß er in Philadelphia auf einem Kriegsschiff in einem wasserdichten Raum sitzt, fünf Stunden täglich, einen Arm an die Wand gekettet, direkt neben einem grünen Knopf, Kopfhörer auf. Ich konnte mir gut vorstellen, wie diese kleinen Ohren darauf warteten, Befehle zu erhalten, um die Raketen aus den wasserdichten Silos auf die Russen zu schießen. Er sitzt da mit seinen Kopfhörern, ist auf blaukörnigem Kokain-Trip, einer neuen Zucht aus Peru, die er so liebt, mit einer Menge Kaffee, damit die Navy das Kokain nicht nachweisen kann. Man kann zwar Marihuana fünf Tage, nachdem man es geraucht hat, nachweisen, aber nicht Kokain. Er sitzt da auf Kokain, an die Wand gekettet, neben diesem grünen Knopf in einem wasserdichten Raum.
»Warum wasserdicht?« fragte ich. Ich dachte mir, ich fang' einfach mit ein paar Details an, um noch mehr herauszubekommen. Genauso hätte ich auch fragen können: »Warum ein grüner Knopf?« Aber das war in diesem Moment völlig egal.
»Wasserdicht, Mann, weil, wenn dieses Schiff sinkt und ich dann unten auf dem Meeresboden bin, in diesem Ozean oder jedem anderen Ozean, überall, dann sitze ich nämlich immer noch in meinem wasserdichten Raum und kann den Knopf drücken und sie aus dem wasserdichten Silo abfeuern, und rauf, rauf, rauf ist sie. Ich bekomme jedesmal eine verdammte Erektion, wenn ich nur daran denke, eine Rakete auf die Russen abzufeuern. Wir werden siegen! Wir werden diesen verdammten Krieg gewinnen. Außerdem mag ich die Navy. Ich mag, verdammt noch mal, diese Navy. Ich komme überall hin.

Ich war schon in Afrika, Schweden, Indien. Aber ich kann, verdammt noch mal, nichts an Afrika finden. Ich weiß nicht, warum, aber schwarze Frauen machen mich nicht an.«
Das ist also so ein Typ, der lieber ganze Regionen ausläßt, wenn ihn die Frauen des Landes nicht anmachen. Nur eine große Fusselkugel, ein schwarzer, großer Umriß, und er geht hindurch auf die andere Seite und kommt in Schweden raus.
»Ich liebe, verdammt noch mal, die Schweden, Mann. Man kann in Schweden sogar richtige Russen sehen. Sie marschierten in Schußweite herum, und sie durften nur zwei Bier trinken. Wir dagegen trinken soviel Bier, wie wir wollen. Wir saufen uns den Arsch ab und sagen: ›Hey, Rußkies, wie ist es denn in dieser Jahreszeit in Moskau?‹ Und dann bezahlen wir ein paar schwedische Nutten, um zu den Russen rüberzugehen und ihre Köpfe in die Schöße der Rußkis zu stecken. Das hättest du sehen müssen, wie diese Wichser geschwitzt haben, Mann. Die sind so dumm. Wir werden gewinnen. Ich meine, die sind wirklich so strohdoof. Die haben flüssiges Benzin in ihren Raketen, die sind rostig und verlieren ihr Benzin, die platzen und gehen dann auf unseren Kornfeldern nieder.«
»Aber halt mal, Jim. Kornfelder? Ich meine, hast du darüber noch nichts gelesen? Es ist schlimm genug, wenn die auf unseren Kornfeldern landen. Dann sind wir alle hinüber.«
»Nein, die sind dumm. Du wirst das nicht glauben, aber die Russen haben noch nicht mal elektrische Bord-Sprechanlagen. Die sprechen immer noch durch Röhren.«
Plötzlich empfand ich so etwas wie Zärtlichkeit und Liebe für die russische Marine. Für die ganze Mutter Rußland. Der Gedanke an diese Männer, die wie kleine Kinder durch leere Klopapierrollen sprechen, wo man noch so etwas raushören kann wie Mitleid, Zweifel, brüderliche Liebe, Ambivalenz, all diese menschlichen Zwischentöne, die durch die Röhren kommen.
Jim war sehr patriotisch. Ich hatte immer gedacht, daß es nur

auf den Titelblättern von *Newsweek* oder *Time* existiert. Aber nein, man braucht nur den Zug von New York nach Chicago zu nehmen, dann kann man es im kürbisroten Sonnenuntergang sehen – Three Miles Island. Jim stand auf und salutierte vor diesen drei großen Türmen und setzte sich danach wieder hin.

Mittlerweile versuchte ich sanft, Gegenposition zu beziehen. Ich wollte ihm solche Gedanken ausreden. Ich weiß zwar nicht, was mein parteipolitischer Standpunkt ist – aber ich meine, er, Jim, stand für ganz Amerika, und ich machte mir zu diesem Zeitpunkt nur um mich selbst Sorgen. Ich fühlte mich wirklich, als sähe ich meinem eigenen Tod ins Gesicht. Ich habe diese Geschichten wirklich nicht erfunden. Wirklich nicht. Und wenn *er* sich diese Geschichte ausgedacht hat, die er mir erzählt hatte – mal vorausgesetzt, er ist ein Weißer, der es wirklich ganz übel haben will und bei der Navy ist, und wenn er also nicht in diesem wasserdichten Raum sitzen würde, dann gehörte er jetzt dort unten hin.

»Jim, Jim«, sagte ich. »Das willst du doch nicht wirklich machen. Denk doch daran, was mit dem Typen passierte, der die Bombe auf Hiroshima abwarf. Er ist verrückt geworden!«

»Dieses Arschloch? Der hatte keine richtige Gehirnwäsche. Ich«, sagte er mit großem Stolz, »hatte eine richtige Gehirnwäsche. Außerdem gibt es noch den ›nuclear-destruct-club‹. Glaubst du etwa, ich bin der einzige, der diesen grünen Knopf drücken wird? Wir sind mehrere, die das machen werden.«

»Halt, halt. halt! Du, ihr alle wollt doch nicht sterben, oder? Ihr werdet sterben, wenn ihr diesen Knopf drückt. Denk daran, wofür es sich lohnt zu leben.« Darüber mußte ich allerdings angestrengt nachdenken. »Das blaukörnige Kokain, zum Beispiel. Von Pärchen aufgerissen zu werden. Die schwedischen Nutten. Die Spinnweben zwischen den Beinen deiner Frau wegzupusten. Ich meine, wirklich!«

»Nein, ich werde nicht sterben. Wir kriegen ›Infos‹.«
Alles war abgekürzt, und »Infos« hieß eine Publikation der Navy, die ihnen sagte, was man machen muß, um der radioaktiven Verseuchung zu entgehen. Ich konnte mir ihn gut dort unten vorstellen, nachdem der Rest von uns schon zu Staub geworden war. Er würde dort unten sein, in Tasmanien oder Neuseeland, und eine neue rotgesichtige, mit erbsengrünen Gehirnen und kleinen Ohren versehene menschliche Rasse aufbauen. Und ich dachte, die Mutter braucht eine Pause, Mutter Erde braucht eine lange, lange Pause.
Und wenn wir Glück hätten, schicken sie ihn nach Afrika. Auf jeden Fall bekam er mit, daß ich nicht völlig auf seiner Seite stand. Das war nicht leicht, weil ich längst nicht so einen detaillierten Standpunkt vertrat wie er. Schließlich wandte er sich an mich: »Hören Sie, Mr. Spalding« (bisher hatte er mich, glaube ich, immer Gary Spalding genannt). »Sie würden das, was sie da machen – schreiben, reden oder was auch immer –, nicht tun, wenn nicht ich und die Navy der Vereinigten Staaten von Amerika da wären, um die Russen daran zu hindern, die Welt zu beherrschen.«
Und ich dachte, halt mal, vielleicht hat er recht. Vielleicht versuchen die Russen wirklich, die ganze Welt zu erobern. Vielleicht bin ich derjenige mit Gehirnwäsche. Vielleicht habe ich zu lang mit Liberalen herumgehangen. Ich dachte nach all dieser Zeit, ich wäre ein bewußter, nachdenkender Pazifist, aber vielleicht habe ich mir auch nur etwas vorgemacht. Vielleicht bin ich auch nur ein passiv-aggressiver, unbewußter Feigling, und vielleicht sollte ich wie jeder gute Liberale alles in Frage stellen. Wann habe ich denn zum Beispiel das letzte Mal einen Standpunkt bezogen, irgendeinen Standpunkt zu irgendwas? Zum Beispiel Amerika. Was ist Amerika? Jedesmal, wenn ich versuche, über Amerika als Ganzes nachzudenken, bekomme ich Angst. Ich glaube, das ist auch zu einem Teil der Grund dafür, warum ich nach Manhattan

gezogen bin; ich wollte auf einer Insel an der Küste Amerikas leben. Ich wollte irgendwo zwischen Amerika und Europa leben, auf einem Stück Land mit klar definierten Umrissen und mit nur acht Millionen Einwohnern.

Ich hatte also keine Vorstellung von Amerika oder davon, mal einen Standpunkt zu beziehen. Als Kind habe ich Sportarten mit Körperkontakt gehaßt, ich konnte die Stöße wirklich nicht ausstehen. Als ich nach New York ging, wollte ich mich behaupten können, also machte ich einen Karate-Kurs. Aber wann immer mich mein Lehrer traf oder ich ihn, jedesmal hatte ich ein schreckliches Gefühl, daß Knochen auf Knochen treffen.

Als ich in der siebten Klasse war, verliebte ich mich in Judy Dorci. Butchy Coca aber liebte sie auch. Er lebte in einem anderen, ärmeren Viertel der Stadt. Er trug eine schwarze Motorradlederjacke, und ich einen Kamelhaarmantel. Ich achtete darauf, nie in seine Gegend zu kommen – ich blieb in meiner, in Barrington, Rhode Island –, aber hier gab es keinen Five-and-Dime-Laden, und ich wollte Weihnachtsgeschenke kaufen. Ich fuhr rüber nach Warren, Rhode Island, Butchys Gegend, in einen Five-and-Dime-Laden. Einer aus Butchys Gang erkannte mich und zeigte mit dem Finger auf mich. Ich kam raus, und da standen sie, zu acht, wie in *High Noon*, einen Fuß an der Ziegelsteinwand, und rauchten Chesterfields. Ich dachte, das wär's. Irgendwann würde ich schon erfahren, wie es ist, einen Standpunkt zu beziehen, aber warum darauf ankommen lassen? Ich versteckte mich in dem Warren-Gazette-Laden, um mir Weihnachtskarten anzuschauen und um Zeit zu gewinnen. Im Laden war Mr. Walker aus Barrington. Ich sagte: »Hi, Mr. Walker, fahren Sie in meine Richtung?«

»Mache ich. Mein Auto steht dahinten. Macht es dir etwas aus, wenn wir durch die Hintertür rausgehen?«

»Nee, auf geht's.«

Als ich das erste Mal in London war, hatte ich Schwierigkeiten mit der Zeitverschiebung. Ich mußte mir ein Auto mieten, um hoch nach Edinburgh zu fahren, und fühlte mich etwas daneben. Ich fuhr also auf der falschen Straßenseite, ganz einfach, wirklich kein Problem. Als erstes schnitt ich sofort einen anderen Typ, und als ich mein Fenster runterkurbelte, um mich zu entschuldigen, sagte er: »Nimm die Brille ab, mein Freund, ich haue dir eine rein.« Genau wie ein britischer Soldat, der seine Absichten schon im voraus ankündigt.
Ich kurbelte das Fenster hoch. Warum es darauf ankommen lassen?

Letztes Jahr hatte ich einen Mann auf der Hudson Street in Manhattan geschnitten. Einen Mann aus New Jersey, was das schlimmste ist, was man tun kann. Ein Mann aus New Jersey! Und ich kurbelte das Fenster runter – warum ich das machte, weiß ich nicht –, wohl um mich wieder zu entschuldigen. Dieses Mal sah ich die Faust auf mich zukommen, und ich dachte, jetzt werde ich es wissen, wie es ist, den Kiefer an fünf Stellen gleichzeitig gebrochen zu haben. In der letzten Sekunde, nur Bruchteile einer Sekunde, bevor er mit meinem Gesicht in Berührung kam, zog er den Schlag zurück und traf statt dessen die Seite meines Lieferwagens. Er ging weg, seine Knöchel bluteten, und er fluchte. Ich kurbelte das Fenster hoch und fuhr los. Warum es darauf ankommen lassen?

Ich hatte mal einen Freund, der es darauf ankommen lassen wollte, weil er zur Armee mußte und vorher noch nie umgehauen worden war. Deswegen ging er zu seinem Freund Paul und sagte zu ihm: »Ich bin noch nie niedergeschlagen worden. Aber ich werde gezogen, ich gehe zur Armee. Bitte, hau mir eine rein, Paul, schnell.« Und Paul schlug ihn k. o.

Ich wollte nicht zur Armee. Und ich wollte auch nicht niedergeschlagen werden. Und deswegen habe ich alle Tricks versucht. Das muß ich zugeben. Wirklich, ich habe es mit »homosexuell« und mit »Schlafproblemen« versucht. Als ich gefragt wurde, »Was machen Sie, wenn Sie nicht schlafen können?«, schrieb ich, daß ich trinke.
Damals war meine Mutter zu Haus, weil sie einen unheilbaren Nervenzusammenbruch hatte, und ich war auf der Schauspielschule. Ich dachte, wenn es ganz schlimm kommen würde, brauchte ich mich nur wie meine Mutter zu benehmen, und ich würde ausgemustert. Aber vor mir war ein Typ dran, der genauso aussah wie ich – wir trugen beide Bärte. Sie berührten ihn nur kurz an der Schulter, und er spielte völlig verrückt. Man trug ihn schreiend weg.
Was sollte ich jetzt nach ihm noch anstellen? Ich war aus zwei Gründen deprimiert. Erstens sah es so aus, als zögen sie mich, und zweitens war es ein Zeichen dafür, daß ich ein schlechter Schauspieler war.

Neulich bin ich aus irgendeinem Grund sehr früh an einem Sonntagmorgen in Manhattan aufgestanden. Das ist selten. Wenn man früh auf ist in New York an einem Sonntag, gibt es eine merkwürdige Überschneidung zwischen denen, die früh auf sind, und jenen, die noch nicht ins Bett gegangen sind. Ich war unten in der U-Bahn-Station der Canal Street – betoniertes Niemandsland. Es fuhren keine Bahnen, und nichts von Law und Order zu sehen. Nur irgendein Typ, und der kam auf mich zu. Ich wußte, daß er irgendwas wollte – ich spürte das. Er brauchte etwas von mir, er wollte etwas. Er würde irgend etwas haben wollen.
»Hey, Mann. Kannst du einen Viertel Dollar wechseln?«
»Oh, ja. Ich glaube schon. Hier, warte mal einen Moment. Ich habe zwei Zehner und eins, zwei, drei, vier Pennies. Reicht das?«

»Nee.«
»Gut, und was machen wir jetzt?«
»Ich habe einen viertel Dollar und einen Fünfer. Hast du drei Zehner?«
»Ja, habe ich. Hier.« Und ich zählte sie sehr sorgfältig in seine Hand.
Er drehte ab, drehte sich plötzlich wieder zu mir um und sagte: »Mann, du hast mir nur zwei Zehner gegeben.«
»Warte mal. Ich bin sehr gewissenhaft, was Geldangelegenheiten betrifft.«
Nun, war das der Augenblick, wo ich einen Standpunkt beziehen mußte?
»Na gut. Wenn du glaubst, daß du noch einen Zehner brauchst, hier.«

Renée hat im Stockwerk über sich eine Nachbarin, die zur Kunst-Mafia gehört. Sie hat ihre eigene Galerie in Soho und ist samt ihres Alkoholproblems unerträglich. Die ganze Zeit läuft auf ihrer Quadro-Anlage auf voller Lautstärke Bob Dylans »Sarah«, immer und immer wieder. Irgendwas muß mit ihr passiert sein, damals, als der Song populär war, und sie kann ihn einfach nicht aus dem Kopf bekommen. Sie kommt betrunken nach Hause und legt ihn auf, um halb zwei in der Nacht. Nun, wenn das jeden Morgen um halb zwei wäre, klasse. Das wäre wie Futterzeit. Das könnte man aushalten. Man könnte sich daran gewöhnen. Aber manchmal ist es fünf nach halb zwei oder zehn nach zwei, oder es ist vierzehn nach vier. Man ruft die Polizei, aber das ändert nichts. Sie macht leiser, sie gehen, sie macht es lauter. Man ruft noch mal die Polizei, sie kommen, sie macht es leiser, sie gehen, sie macht es lauter – was soll man da machen? Man kann auch nicht zum Vermieter gehen – er ist ein italienischer Mafioso und lebt in New Jersey. Ich weiß nicht, welche Mafia ich am wenigsten mag. Ich tendiere dahin, die italienische Mafia zu mögen, weil

die einfach nur unmoralisch ist und trotzdem an Mutter und Kind glaubt. Aber die Kunst-Mafia ist unmoralisch, und nach allem, was ich weiß, hat die aufgehört, Kinder zu zeugen.
Wir waren also in Renées Appartement, und ich rief oben an: »Hören Sie auf, uns zu quälen.« Statt dessen schickt sie ihre neuen, jungen Künstler runter, die in New York reich und berühmt geworden sind, aber im Augenblick im Freien in Schlafsäcken nächtigen, bis sie einen passenden Schlafplatz gefunden haben. Und sie sagen: »Hey, Mann. MANN. Du weißt doch, New York ist eine Party-Stadt. Deswegen sind wir hier. Damit wir auch in der Woche Parties machen können. Wenn dir das nicht paßt, zieh doch aufs Land, ALTER.«
Ich versuche, mich in meiner buddhistischen Toleranz zu üben. Ich versuche, an mich zu halten. Wirklich, in New York ist buddhistische Toleranz nur eine große pazifistisch-eskapistische Rationalisierung. Renée praktiziert sie nicht. Sie galoppiert, während Dampf aus ihrem Nabel strömt.
Nun gibt es Leute, die sagen, diese Frau gehöre umgebracht. Und ich ertappe mich dabei, daß ich nicht nein sage. Ich widerspreche nicht. Eine Selbstschutztruppe ist im Gespräch. Ich kann diese Sprache nicht. Ich konnte sie damals, 1962, bei meinen Leuten in Boston, im homogenen Weißbrot-Boston, im Ziegelstein-Boston. Damals, als ich mit meinen Leuten noch eine gemeinsame Sprache hatte, hatten alle das, was man eine »Hifi« nennt. Und wenn die Hifi zu laut war, mußte man nur anrufen und sagen: »Hi, Puffy. Hier ist Spuddy Gray von unten. Ja. Du hast es erraten. Die Hifi ist ein bißchen laut. Ja. Ich würde ja eigentlich nichts sagen, aber ich habe morgen früh einen Tanzkurs. Toll. Vielen Dank. Ja, Frohe Weihnachten auch für dich, Puffy.«
Und es wurde leiser. Man sieht, ich konnte es. Renée kann die Sprache auch, weil ihr Vater in der jüdischen Mafia drin-

steckte. Sie ruft also an: »Denke, du willst sterben, richtig? Hure! Hure! Funz! Ich hau' dir deine verdammte Fresse mit 'nem Baseballschläger ein. Hure!« Und sie schmeißt den Hörer auf die Gabel. Die Musik wird lauter. Einmal kam ich mit einer leeren Flasche Molson Golden aus der Tür. Ich glaube, ich wollte mein Pfand wiederholen. Und ich hörte den Party-Lärm von oben und hatte unheimliche Wut im Bauch. Vielleicht hatte ich etwas getrunken, und die Wut war in meinen Eingeweiden angekommen. Nicht, daß mein Intellekt nicht mehr funktionierte, nein, er funktionierte wie eine Uhr und wiederholte immer wieder dieses alte Sprichtwort: »Jede Schwäche führt ins Verderben, und Unfähigkeit verdirbt erst recht.« Ich nahm die Flasche und warf sie hoch. Mein Arm löste sich fast aus dem Schultergelenk. Sie flog die Stufen hoch, traf die Tür und explodierte wie eine Handgranate. Sie stürmten mit Knüppeln und Pistolen raus. Ich lief weg. Weil es ein Akt der Wut war, hatte ich vergessen, Renée von meinem Vorhaben zu unterrichten. Sie war hinter mir und hob irgendeinen Plastikmüll oder so was auf. Sie war ein Stück hinter mir, so daß sie, als sie zu ihrer Tür kamen, auf Renée stießen. Sie erkannten aber, daß sie wirklich unschuldig war und brachten sie nicht um. Es gibt also noch Hoffnung. Aber ich frage mich, wie wir dem sogenannten Kalten Krieg (oder dem sich im Moment erhitzenden Krieg) zwischen Rußland und Amerika entgegentreten sollen, wenn ich noch nicht mal den Heißen Krieg an der Ecke North Moore Street und Greenwich Street in Lower Manhattan beenden kann.

Als ich vor zwei Jahren eine Therapie machte, erkannte ich eines Tages, daß ich überhaupt keine Kinder hatte. Und ich mag Kinder aus der Ferne. Ich fragte mich, ob ich sie nicht auch aus der Nähe mögen würde. Ich fragte mich, warum ich keine hatte. Ich fragte mich, ob das ein Zufall war oder Absicht oder was auch immer. Und mir fiel auf, daß auch mein

Therapeut keine Kinder hatte. Er hatte Bilder von Katzen an der Wand. Gerahmt.
Vielleicht hat er sich seitdem geändert, aber mein Therapeut war so einer, der, wenn man ihm eine persönliche Frage stellte, eine ganze Sitzung brauchte, um sie zu beantworten. Man mußte die Verantwortung übernehmen und ihn unterbrechen. Man mußte lernen, egoistisch zu sein. Ich sagte mir also immer, daß er so etwas wäre wie ein Trinkkumpan, mal abgesehen davon, daß wir nie gemeinsam Trinken waren und ich die Drinks bezahlte.
Ich fragte ihn: »Warum haben Sie eigentlich keine Kinder?«
Und er antwortete: »Nun, mit 19 war ich in Auschwitz, und die Todesmärsche begannen, als die Russen kamen. Und ich sagte zu meinem Freund, der ebenfalls 19 war: ›Ich glaube, daß die Gestapo jetzt etwas gutmütiger ist. Wir sollten abhauen.‹ Und mein Freund sagte: ›Nein, ich bin zu müde. Ich muß mich erst ausruhen.‹ Also beobachtete ich ihn, während er schlief, und sah plötzlich Blut in seinen Mundwinkeln, und ich begriff, daß er vor Erschöpfung gestorben war. Deswegen flüchtete ich allein und schaffte es bis zur Grenze zwischen Polen und Deutschland und traf auf einen anderen Todesmarsch mit 20000 Menschen, diesmal war die Stimmung nicht so gutmütig. Sie schossen von ihren Pferden runter, und ich ergab mich.«
»Sie führten uns an den Rand einer großen Grube, viele von uns wurden mit den Maschinengewehren erschossen. Fast jeder fiel tot um, außer vielleicht zwölf oder fünfzehn, die in den Schnee fielen und noch lebten. Einer davon bin ich. Ich war an den und um die Genitalien herum getroffen, und deswegen habe ich eine Art automatische Vasektomie. Zwei Tage später wurde ich von den Russen im Schnee gefunden.«
Ich fragte: »Zwei Tage im Schnee, und Sie sind nicht erfroren?«

»Was ...«, antwortete er. »Es war nur *Schnee.*« (Und dabei war ich derjenige, der eine Therapie machte.)
»Hören Sie zu, das wird sich jetzt etwas merkwürdig anhören, aber ich beneide Sie wirklich.«
»Bitte? Gehören Sie etwa zu denen, die glauben, daß Leiden adelt?«
»Nein, so ist das auch nicht. Wir alle sind zufällig geboren, niemand hat danach gefragt, aber aus einem Zufall wiedergeboren zu werden und dementsprechend zu leben, das muß ihr Leben, wissen Sie, doch viel bewußter und intensiver gemacht haben. Außerdem brauchen sie jetzt doch keine Entscheidung mehr zu fällen, ob sie Kinder haben wollen oder nicht. Das muß Ihr Leben doch auf eine sehr dynamische ...«
»Nein, nein. Nichts ändert sich, nichts. Wir haben das gedacht, verstehen Sie. Auf den ersten Wiedersehenstreffen der KZs swingte jeder, das war ein großer Sex-Club mit Swingen und Trinken und allem Drum und Dran, als ob man morgen sterben würde. Jeder machte das, was er wollte. Das nächste Mal schon weniger, schon weniger. Die Pärchen blieben zusammen. Und das nächste Mal, da redeten wir darüber, ob wir uns in diesem Jahr ein Sommerhaus leisten könnten. Wenn wir uns heute treffen, Jahre später, redet man darüber, ob radioaktive Rauchanzeiger in den Vorstadthäusern gefährlich sind oder nicht. Nichts ändert sich.«

Ich bekam also die Rolle und fuhr nach Bangkok. Das einzige, was ich über Bangkok wußte, war, daß mein Held Thomas Merton hier gestorben war. Thomas Merton war einer meiner Helden, weil er wußte, wie man sein Maul hält. Es ist nicht so, daß er andere Leute zum Schweigen bringen wollte, aber er glaubte, daß die Leute so viel reden, daß es auch jemand geben müßte, der schweigt. Er glaubte ans Schweigen. Und er glaubte an die Kraft eines stillen Gebets, deswegen wurde er Trappist. Er begann sich für den Buddhismus zu interessieren und wurde von den Trappisten nach Südostasien geschickt, um Nachforschungen über den Buddhismus anzustellen. Er entstieg seiner Badewanne, kam an einen elektrischen Ventilator und starb sofort. Judith Malina sagte, daß es eine CIA-Verschwörung gewesen sei, aber das weiß ich nicht. Ich weiß es nicht.

Ich kam in dieser zweitausend Jahre alten Stadt an, fast 40 Grad Hitze, auf Sumpf gebaut und langsam sinkend, und unter meiner Tür steckte ein Brief von Enigma Films – mit einem »a« auf dem Kopf –, adressiert an Spalding Gray, Esquire. Es war mein erster großer Film für eine britische Produktionsfirma, und ich wurde über alle Maßen verwöhnt. Alle Schauspieler wurden als »Künstler« behandelt. So brachten sie einen dazu, alles zu tun. Der Brief war datiert vom 6. Mai 1983 und war von David Puttnam, dem Produzenten.

Lieber Spalding,

am Samstag beginnen die Dreharbeiten zu einem sehr schwierigen Film, der aber die ganze Mühe wert ist. Er ist bei weitem der ambitionierteste Film, den ich je produzieren wollte, und er wird, wenn er fertig ist, uns alle auf die Probe gestellt haben. Ich bin davon überzeugt, daß Du, genauso wie ich, immer gefragt hast, welche Filme Du gemacht hast. Ich hoffe immer, daß der, an dem ich gerade arbeite, derjenige wird, der die Liste anführt, wenn man diese Frage beantwortet. Viel zu oft ist dem aber nicht so. Trotzdem, von der Art des Films, der Reichweite und von der Thematik her ist *The Killing Fields* einer der wenigen Filme, nach denen eines Tages all unsere Karrieren beurteilt werden.

Roland und ich haben diese Woche eine Rede von Präsident Kennedy gefunden, in der er sagte: »Ich weiß, daß die Beschäftigung mit dem Frieden längst nicht so spannend und

dramatisch ist wie die Beschäftigung mit dem Krieg. Und häufig stoßen die Worte derer, die sich mit dem Frieden beschäftigen, auf taube Ohren. Aber es gibt keine dringendere Aufgabe.« Diese Worte, vor zwanzig Jahren ausgesprochen, waren noch nie relevanter als heute. Wir haben die einzigartige Möglichkeit, mit diesem Film einen Beitrag dazu zu leisten. In den nächsten Jahren, und das ist meine ehrliche Meinung, wird *The Killing Fields* das erste sein, was wir erwähnen, wenn es heißt, die besten und schwierigsten Jahre unseres Lebens darzulegen und zu rechtfertigen.
Für meinen Teil werde ich immer dasein, um zu helfen, wenn etwas schiefläuft. Aber letzten Endes kann ich nur im Hintergrund stehen, Roland unterstützen und darauf hoffen, daß Glück und Vernunft uns beistehen. Diese Geschichte verdient es, erzählt zu werden und gut erzählt zu werden. Wenn wir das beherzigen, dann wird jede Form von möglicher Anerkennung unzweifelhaft folgen, und wir haben es dann verdient.
David Puttnam

Meine erste große Szene sollte auf einem Fußballplatz außerhalb von Bangkok gedreht werden. Wir stellten die Evakuierung der amerikanischen Botschaft in Phnom Penh 1975 nach. Ich zusammen mit Ira Wheeler, der John Gunther Dean darstellte, den letzten amerikanischen Botschafter. Ira ist ein sehr interessanter Mann – er war früher einmal der Vizepräsident der American Celanese Chemical. Nachdem er sich zurückgezogen hatte, sang er in einem Gesangsverein in New York, wo ihn jemand sah und für Jane Fondas *Rollover* verpflichtete. Er begann also im Alter von 63 Jahren seine Filmkarriere. Wenn man lange genug lebt, glaube ich, schließt sich doch der Kreis. Kurz nachdem ich in Bangkok angekommen war, erfuhr ich, daß Ira auf dem gleichen Schiff im Zweiten Weltkrieg gedient hatte wie mein Onkel Tinky.

Sie waren zusammen auf einer LST im Pazifik gefahren. Ira also spielte John Gunther Dean, den letzten amerikanischen Botschafter. Wir sollten Dean, weil er nun Botschafter in Thailand ist, genau hier in Bangkok treffen. Und weil Costa Gavras vom chilenischen Botschafter in *Missing* auf 14 Millionen Dollar verklagt wurde, wollte David Puttnam keinerlei Risiko eingehen. Er legte sich dafür krumm, daß das Manuskript durch den Botschafter gegengelesen wurde, um sicherzugehen, daß es die Geschichte so darstellt, wie der Botschafter sie in Erinnerung hat.
Ira und ich besuchten ihn, weil wir einen richtigen Botschafter treffen wollten. Der Mann schüchterte mich eher ein. Ich hatte schon Politiker kennengelernt, aber noch nie einen *Staatsmann*. Und er war ein wirklicher Staatsmann, eine Kombination aus einem Schiffskapitän, sagen wir der Queen Elizabeth II, und einem Internatsleiter, von der Phillips- oder Andover-Academy. Und er sagte: »Wir betrachteten Kambodscha als ein Schiff, das auf hoher See umhertreibt. Und wir wollten es auf jeden Fall sicher zurück in den Hafen bringen. Als wir erkannten, daß wir es verlieren würden, wollten wir das Schiff wenigstens in Würde verlassen; ich holte die amerikanische Flagge vom Mast, die sie hier hinter mir sehen, wickelte sie in Plastikfolie und trug sie auf meinem Arm.«
Und da waren wir also, Ira mit der amerikanischen Flagge in Kunststoff eingewickelt über seinem Arm. Und ich, der Botschaftsgehilfe, rannte neben ihm auf eine Cadillac Limousine zu, die auf dem Fußballfeld stand. Wir erreichten die Cadillac Limousine; es war fast 40 Grad heiß, und das erste, was geschah, war, daß die Klimaanlage ausfiel. Wir mußten den ganzen Tag in dieser schwarzen Folterkammer verbringen – so lange sollte es dauern, diese Szene abzudrehen; und Ira schwitzte, er triefte vor Schweiß. Draußen war es kälter als im Wagen, und Ira ist so ein Typ, der schwitzt wie ein, wie…

ein Ira. Er schwitzt so stark, sagt er, daß er seine Squash-Gegner deshalb schlägt, weil sie in seinen Schweißlachen ausrutschen.
Die Requisite wechselte immer wieder sein Hemd, während wir in der Limousine saßen; daraufhin versagten als nächstes die elektrischen Fenster, die Kühlung kochte über, und am Ende des Tages schleifte das gesamte Auspuffsystem plus Auspufftopf über dem Fußballfeld. Ich mußte lachen – ich fand das Ganze sehr lustig. Roland Joffe hatte uns gesagt: »Versucht so auszusehen, als stündet ihr kurz vorm Weinen.«
Ira, der zum ersten Mal die stanislavskische Methode der Schauspielausbildung studierte und der *An Actor Prepares* und *Building A Character* gelesen hatte, glaubte, daß Roland das »Kurz-vor-den-Tränen-Stehen« auf *den ganzen Tag* bezog, die Kamera könnte ja jederzeit laufen. Er übte sich in sentimentaler Erinnerung und war völlig verängstigt. Man konnte noch nicht mal in seine Nähe kommen.
Mir war es so langweilig, daß ich ein Gespräch mit dem Fahrer, einer Aushilfe, begann. Er war ein Immigrant aus San Francisco, ein Experte für Elefanten, der seine Freizeit damit verbrachte, im Thai-Dschungel Elefanten zu zählen, weil er dachte: »Amerika wird verrückt, schnappt über, geht vor die Hunde, wird lala.« Er ging nach Thailand, um wieder gesund zu werden, und in Thailand traute er nur den Elefanten. Das war alles, wofür er sich interessierte. Nachts schlief er im Busch, und wenn er morgens wach wurde, schnappte er sich seinen Elefantenzähler und zählte einfach Elefanten.
Er hatte eine Prothese, ein Holzbein – und er wußte, daß Elefanten es zurückzahlen, wenn man sie in der Nacht ängstigt. Sie schlafen im Stehen, und er war davon überzeugt, wie er mir anvertraute, daß er in den nächsten zwei Monaten von einem aufgeschreckten Elefanten getötet würde.
Mittendrin schaute Ira auf und schrie: »WOLLT IHR ENDLICH AUFHÖREN, EUCH ZU UNTERHALTEN, WORÜBER IHR

EUCH AUCH IMMER UNTERHALTET? Ich versuche gerade eine sentimentale Erinnerung zu haben.«

»Ira, Ira, der Typ hier wird bald von einem Elefanten getötet, echt. Denk doch darüber nach.«

Und wir fuhren durch den schwarzen Rauch, der von Gummireifen aufstieg, die angezündet wurden, um es wie richtigen Krieg aussehen zu lassen. Wir fuhren auf eine nichtexistente Sikorski zu – ich glaube, weil die American Air Force der thailändischen Luftwaffe keine Sikorskis zur Verfügung gestellt hatte. Sie hatten nur kleine Hubschrauber. Wir sollten in eine Sikorski einsteigen, taten aber nur so, als wären sie vorhanden. Wir fuhren an Marine Guards vorbei, eine Menge Statisten, die wie amerikanische Marines gekleidet waren – ich habe keine Ahnung, wer diese Leute waren. Ich glaube, daß einige von ihnen Marines waren, die nicht genug vom Krieg bekommen konnten und deswegen zurückgekommen waren, um sich Bo Girtz anzuschließen, der eine Fremdenlegion in Laos aufgebaut hatte, um vermißte Soldaten zu suchen. Andere waren hier, um mit Drogen zu handeln, was ausgesprochen lukrativ, aber auch sehr gefährlich in Thailand ist. Und wieder andere waren im Grunde wegen des Sex hier. Weil, auf einer niedrigen Chakra-Ebene ist Bangkok ein großes Freudenhaus. Das ist nicht nur unser Fehler oder der Fehler der Truppen, die auf Rock 'n' Roll stehen, oder der japanischen Sex-Touristen. Diese Tradition gab es schon lange vor dem Krieg, als es in allen Dörfern Konkubinen gab. Nur während des Krieges geriet das außer Kontrolle. Es gab Hunderte von Prostituierten in den Quonset-Hütten, die so groß waren wie Flugzeughallen, um alle Soldaten zu bedienen. Und zur Geburtenkontrolle tranken sie chinesische Kräuter. Viele amerasische Kinder wurden geboren.

Nach dem Vietnam-Krieg wurden alle Prostituierten nach Pat Pong gebracht. Wenn Sie schon mal in Bangkok gewesen sind, werden sie vermutlich auch Pat Pong gesehen haben. (Ansonsten gibt es außer dem Gold-Buddha in Bangkok nicht viel zu sehen. Tagsüber sieht man sich den Gold-Buddha an und Pat Pong in der Nacht.) Wenn Sie den Film *Deer Hunter* gesehen haben, haben Sie auch Pat Pong gesehen; die ganzen Szenen in Saigon wurden da gedreht, im Mississippi Queen. Das Mississippi Queen gibt es übrigens immer noch, und wenn man dort hineingeht, ist es, als ob man in diesen Film geht.

Das hat nichts mit einer besonders charmanten Verführung zu tun. Die Nutten fliegen dir einfach zu und bleiben an dir kleben; sie sind so klein, daß man gleich sechs auf einmal tragen kann, zwei auf einem Ellbogen, zwei auf dem Schoß, zwei hier, zwei da, bis man sich vorkommt wie ein Weihnachtsbaum. Man sitzt nur einfach da, und sie legen richtig los. Sie lachen, kichern, greifen in deine Taschen, und wenn man sich bis ein Uhr, dann wird zugemacht, entschieden hat, in wen man verliebt ist, kannst du mit ihr nach Hause gehen. Oder, wenn du genug Geld hast, kannst du sie alle mit nach Hause nehmen. Jede kostet 500 Thai-Bhat (ungefähr 26 Dollar) für den ganzen Abend. Und wenn man sie früher loskaufen will, kann man noch mal 300 Bhat zulegen und mit ihr jeder Zeit nach Hause gehen. Um Geld zu sparen, kann man sogar zu Fuß zum Hotel gehen.

Wenn man aber nicht die ganze Nacht mit einer kichernden, fröhlichen Thai-Hure, die einen in den Wahnsinn treibt, verbringen will, oder wenn man vor den sich entwickelnden Intimitäten Angst hat und sich lieber unter Kontrolle hat, kann man statt dessen in einen Massage-Salon gehen. Die Massage-Salons sind riesigen Kaufhäusern sehr ähnlich; sie haben drei Stockwerke. Man geht rein, und pro Stockwerk gibt es hinter Einwegfenstern vielleicht 35 Frauen, vollbekleidet und unter

Neonlicht, die in Reihen sitzen und Nummern tragen. Sie alle schauen durch einen Spalt in der Trennwand auf einen ganz bestimmten Punkt. Man erkennt nicht, wo sie hinschauen, aber es ist ein Fernseher. Sie alle sehen fern.
Man spaziert also vor diesem Fenster auf und ab, wie ein kleiner Sultan, bis man schließlich meint, den perfekten Körper gefunden zu haben. Angenommen es ist Nummer acht, dann sagt man zu dem Mann: »Könnten Sie für mich bitte die Nummer acht rufen?«
Und er ruft über das Mikrophon aus: »Nummah acht.«
Nummer acht steht auf, und man merkt schon an ihrem mürrischen Gesichtsausdruck, daß es nicht so toll werden wird, wie man sich das vorgestellt hat, weil man sie bei der Fernsehshow gestört hat.
Man geht dann in einen kleinen Raum, und für ein bißchen Geld kann man alle seine Kleider ausziehen, und sie bleibt angezogen; man bekommt eine sanfte knet-knet Oberflächen-Massage, was nichts mit Reich zu tun hat. Und für ein bißchen mehr Geld zieht sie sich auch aus und gibt dir noch eine sanfte knet-knet Oberflächen-Massage, und ab und zu kann man sogar ihren weichen, braunen Thai-Körper spüren, wie er leicht über deinen eigenen streicht-streicht. Ein bißchen mehr Geld, und du kriegst einen gewichst. Ein bißchen mehr Geld, und man kann sie ficken. Ein bißchen mehr Geld, und man kriegt das Höchste-Höchste... die Körper-Körper-Massage. Für die Körper-Körper-Massage wird man in eine Wanne gesteckt und völlig eingeseift. Man wird nicht abgespült. Man wird von ihr schlüpfrig auf ein Wasserbett gelegt. Dann steigt sie in die Wanne, seift sich ein, bis auch sie ganz schlüpfrig ist, und sie spült sich auch nicht ab. Und dann geht sie zum anderen Ende des Raums, nimmt Anlauf und springt auf einen drauf; dann macht es flatsch-flatsch-flatsch, Körper-Körper-Körper, und man rutscht aufeinander rum wie zwei nasse Stücke Seife. Für die abschließende Gesichtsmas-

sage darf man sein Gesicht zwischen ihre Brüste stecken, dann drückt sie ihre Brüste nach außen und schreit: »Boobily-oobily!«

Nachdem man also gefickt und geleckt worden ist, die Röhren, Nägel und Nase gereinigt worden sind und man bereit zu mehr ist, geht man sich bei einer Live-Show ausruhen. Bei einer Live-Show machen die Frauen mit ihrer Vagina alles außer Babies kriegen. Eine beginnt mit Tischtennisbällen und einem Mineralwasser-Glas: Klack, Klack, Klack, immer fängt sie mit dem Glas den Ball. Eine andere hat eine Cola-Flasche mitgebracht, eine Kingsize Cola, die sie lange schüttelt, wirklich kräftig durchschüttelt. Das macht sie, und sie macht es eine ziemlich lange Zeit, bis sie – ich weiß nicht, wie, aber sie macht es – die Flasche öffnet. Ich weiß nicht, ob sie einen Flaschenöffner da drin hat, oder Zähne, aber die Cola spritzt ins Publikum (weil es warm ist und sie geschüttelt worden ist). Den Rest der Cola-Flasche schüttet sie dann in ihren Schoß, hockt sich hin und – wusch – füllt die Cola-Flasche wie eine Abfüllmaschine wieder auf.

Dann kommt die Banane. Zuerst macht sie nur ein paar lahme Schüsse, genau wie die russischen Raketen, die Benzin verlieren, platzen und auf unseren Kornfeldern landen. Eins, zwei, drei. Zum Finale richtet sie ihre Vagina wie eine Kanone auf den mittleren Gang, lädt sie mit einer überreifen Banane und – zack – feuert sie ab. Sie hätte mich beinahe im Auge getroffen, eine australische Hausfrau beinahe am Kopf. Die Banane trifft die hintere Wand, klebt kurz und gleitet dann langsam auf den Boden, wo sie dann von einer Armee gigantisch-großer Kakerlaken verzehrt wird.

Zur letzten Vorstellung kommt ein Thai-Pärchen raus, um eine Live-Sex-Show abzuziehen. Sie durchlaufen alle Kamasutra Stellungen – und die Thais sind die schönste menschliche Rasse, die ich je gesehen habe. Wenn sie einem in Bangkok auf der Straße entgegenkommen, weiß man nicht, ob es ein Mann oder eine Frau ist; so eine Androgynität läuft da ab. Und wenn sie dann näher gekommen sind, macht das auch nichts. Das Pärchen macht seine Live-Fick-Show, als ob es ein Tanz wäre. Sie sind sehr schön, während sie ihre Stellungen machen. Und zum Schluß hat sie sich völlig um ihn herum gewickelt, in einer unglaublichen Krümmung und mit dem Bauch nach oben. Und er hat seinen Schwanz tief in ihr drin, um sie oben zu halten, während sie in der klassischen Betstellung balanciert, sich gleichzeitig eine Wiederholung von *Poltergeist* im Fernseher über der Bar anschaut und ihren Freunden zuwinkt. Dann ist es Zeit, nach Hause zu gehen. Nun gibt es einige Männer, die damit überhaupt keine Probleme haben; Männer, die zugeben können, daß sie sich die alten Henry-Miller-Zeiten zurückwünschen. Ich weiß, daß ich diesbezüglich etwas zu zwiespältig bin, um mich dazuzuzählen. Ein paar britische Schauspieler sagten sogar, daß ich mich gegen die Traditionen sträuben würde, daß die Huren für mich da wären und daß ich zu ihnen gehen sollte. Das sei in dieser Kultur üblich. Aber ich bin diesbezüglich etwas zu zwiespältig. Ich fand es sehr schwierig, mich einfach darauf einzulassen und nicht mehr daran zu denken. Aber der Mann, der es will, der das Kräftegleichgewicht, das er mag, kennt, der weiß, daß, wenn die Bombe nicht hochgehen wird, die Sonne eines Tages untergeht, und der deswegen nichts mit der Geschichte am Hut hat, der weiß, daß nach seinem Tod seine Geschichte vielleicht höchstens zwanzig Minuten von Belang ist, der einfach nur ein bißchen regredieren will – dieser Mann sollte nach Thailand in Urlaub fahren. Aber er sollte vorsichtig sein, weil sein Östrogen-Haushalt und sein Ego in schlimmster Form aufgebläht werden und es dadurch schwierig wird, wieder in den Westen zurückzukehren. Und am Ende bleibt er vielleicht als Schullehrer ganz hier – viele Männer machen das. Sie bleiben gefangen im Ring der Lust. Ich traf sie dort, und sie waren Lehrer.

Ein amerikanischer Schauspieler nahm sich also vor, nicht im Ring der Lust hängen zu bleiben und seiner Frau in den Staaten gegenüber loyal zu bleiben. Er wollte sich einfach seiner Lust ergeben und arbeitete deswegen seine Libido sportlich durch Jogging und Tennis ab. Nach dem dritten oder vierten Tag Jogging hatte er eine starke Zerrung in einem Muskel seines rechten Beins und sah in unserem Hotel – so etwas wie ein Ramada-Inn – ein Hinweisschild auf Massage. Er hoffte, daß es ihm helfen würde, was es dann auch tat. Er fragte nach einer »regulären Massage«.

Später erzählte er dann: »Ich ging rein, mein Gott, und eine Stunde lang wurde der falsche Muskel bearbeitet! Eine Stunde lang haben sie mir einen gewichst; was soll ich denn nun in dieser Stadt machen, um Hilfe für mein Bein zu bekommen?«

Man sieht, es ist subtil hier. Wir saßen in der eleganten Lounge dieses Ramada-Inn-ähnlichen Hotels. Der einzige Unterschied zum Ramada-Inn waren die *King And I* Rundfenster, die es siamesisch wirken ließen. Eine Frau, begleitet von einer Thai-Combo, sang »Killing me softly with his song...«, und wir bestellten Kloster Bier. »Killing me softly...«, und Ratten, elegante Ratten rannten durch die von Wand zu Wand mit Teppich ausgestattete Bar, um sich hinter den Möbeln zu verstecken. »Killing me softly...«, und die Ausstattungsabteilung lief mit kambodschanischen Körperteilen, Prothesen für den Film, vorbei. Skelette, Schädel, Beine, Knochen, dann »Killing me softly...«

Die Kellnerin war mit zwei Bieren auf dem Weg zu uns, schleichend und tänzelnd, zwei Zentimeter über dem Teppich. Die eine Seite ihres Kleides hatte einen Schlitz, so daß man ihr nacktes Fleisch durchblitzen sah. Sie brachte die zwei Bier, rutschte runter auf ihre Knie, nahm die Biere von ihrem Tablett und stellte sie auf den Kaffeetisch. Es ist subtil hier.

Wir waren draußen am Pool, und eine Frau, May, kam heraus. Wir nannten sie Chang Mai May. Sie sagte: »Meine Herren, ich kann das hier nicht lesen. Könnten Sie mir diesen Brief vorlesen?«
Darin stand: »Liebe May, ich werde am Freitag aus Saudi-Arabien ankommen. Deinem Urteilsvermögen traue ich unbedingt. Ich hoffe, daß Du für mich eine nette Begleitung in meinem Raum warten läßt. Wenn ich sie mag, werde ich sie heiraten. Sie muß bereit sein, mit nach Saudi-Arabien zu kommen, wo sie sich die nächsten sechs Monate aufhalten wird. Danach werden wir nach London gehen, wo sie den Rest ihres Lebens verbringen wird.«
Heiraten ist übrigens in Thailand eine sehr einfache Sache. Es ist eine mündliche Absprache. Sie kann in einem Telefon-Häuschen, in einem Swimmingpool, in einem Bett, am Strand oder wo auch immer vollzogen werden. Aber man hat mir gesagt, daß die Thai-Frauen nie lange in einem anderen Land bleiben, wenn sie einen Ausländer heiraten und ihr Land verlassen müssen. Sie vermissen Thailand und kehren zurück. Man hat mir auch erzählt, daß Thai-Ehefrauen sehr eifersüchtig sind. Wenn sie einmal den Ehemann mit einer anderen Frau erwischen, schneiden sie ihm den Schwanz ab, wenn er am wenigsten damit rechnet, und zwar mit einem Rasiermesser, und verfüttern ihn an die Enten. (Als ich zum ersten Mal davon gehört habe, dachte ich, daß sei ein Witz, aber seitdem habe ich nur Gegenteiliges gehört). Die Thai-Ehemänner haben sich so an dieses Verhalten gewöhnt, daß sie mittlerweile gelernt haben, schnell zu laufen und den verletzten Penis, bevor er verschluckt ist, aus dem Hals der Ente zu holen, um ihn dann in die Plastische-Chirurgie-Penis-Transplantations-Abteilung eines Krankenhauses zu bringen, die die Thai-Krankenhäuser eingerichtet haben. Darauf haben die Thai-Frauen damit reagiert, daß sie die Penisse an Gasballons befestigen und sie im Hinterhof aufsteigen lassen.

Wir fuhren also gerade durch den schwarzen Rauch, an den Marine Guards vorbei und auf eine Sikorski zu, die es eigentlich nicht gab. Wir kamen dort an, wo die Sikorski eigentlich stehen sollte und »Schnitt«. Ende der Szene. Fünf Monate später, nach Ende der Dreharbeiten, hatte man die Sikorskis gefunden – in Camp Pendleton in San Diego. Dem einzigen Ort, wo man sie auftreiben konnte. Wir fuhren also für letzte Aufnahmen dort runter – es war unglaublich. Die Pyrotechniker liefen rum, zündeten die gleichen Gummireifen an, entfachten schwarzen Rauch, nur diesmal trug die Crew T-Shirts mit der Aufschrift: »Weg mit dem Dialog, jagt was in die Luft!«

Wir waren also auf einem Marines-Stützpunkt, wir, die Schauspieler, die Thai-Kinder, die Dith Prans Kinder darstellten und von Bangkok für diesen Tag eingeflogen waren, sowie die Marines, die ziemlich aufgeregt waren. Es war am Tag nach dem Beirut-Massaker, und sie redeten noch nicht einmal über Beirut. Selbst ihre Flaggen waren nicht auf Halbmast. (Ich habe übrigens herausgefunden, warum. Die kalifornischen Amerika-Flaggen sind die größten amerikanischen Flaggen auf der Welt. Wenn sie auf Halbmast sind, berühren sie den Boden. Kalifornien scheint auch die kleinsten Masten im Verhältnis zur Flaggengröße zu haben.) Die Marines waren völlig begeistert, echte Schauspieler auf ihrem Stützpunkt zu haben.

»Craig T. Nelson? *Der große Frust,* ich weiß. Sag nicht nein. Ich habe dich in *Der große Frust* gesehen.« »Tom Bird? *Love Is A Many Splendored Thing.* Ich bin sicher, daß ich dich darin gesehen habe. Sag nicht nein.«

Wir sagten natürlich nicht nein. Wir wurden herumgeschoben, redeten darüber, wie es ist, ein Star zu sein, gaben Autogramme, als am Horizont plötzlich diese drei riesigen Vögel auftauchten. Die Sikorskis sind wirklich groß. Die Marines drehten sich um, und als ob sie es einstudiert hätten, sangen sie auf Handzeichen die »Melodie« aus *Apocalypse Now,* den *Ritt der Walküren,* »Ba-BA-ba-ba-BAA-ba, ba-BA-ba-ba-BAA-ba...«, während die Helicopter landeten. Wir stiegen in einen davon ein, während der Wind blies und der schwarze Rauch aufstieg – im fertigen Film dauert das nur ungefähr dreißig Sekunden. Ich stieg mit Ira Wheeler ein, aber dann mußten wir sofort wieder raus, weil es uns nicht erlaubt war, mit abzuheben. Nur die Marines, die Marines darstellten, durften das.

Einer der Marine Guards, der uns beim Einstieg begleitet hatte, bekam von dieser Szene vom Fotografen ein Polaroid und fragte uns: »Könnten Sie mir nicht auf diesem Polaroid ein Autogramm geben? Ich will es meinen Leuten in North Carolina schicken. Denn wenn ich es zu nichts anderem im Leben bringe, habe ich zumindest das hier getan.«

Die wirkliche Evakurierung von Phnom Penh fand am 12. April 1975 statt. Lon Nol war schon vor längerer Zeit nach Haiwaii geflohen, und in der Hauptstadt hielten sich anstatt der üblichen sechshunderttausend ungefähr zwei Millionen Menschen auf. Es gab keine Lebensmittel. Rote-Khmer-Raketen gingen auf Straßen und in Schulen nieder, ziellos. Um sechs Uhr morgens schrieb John Gunther Dean einen Brief an alle amerikanischen und kambodschanischen Beamten, um sie von der bevorstehenden Evakuierung zu unterrichten: »Sie haben zweieinhalb Stunden Zeit, um hier zur Botschaft zu kommen, dann fliegen wir ab.«

Der Premierminister von Kambodscha, Long Boret, sagte daraufhin: »Zweieinhalb Stunden? Wie sollen wir die Russen innerhalb von zweieinhalb Stunden davon überzeugen, daß wir Sozialisten sind? Wir sind am Ende.«

Long Boret, Lon Non und Prinz Sirik Matak blieben zurück. Lon Nol hatte übrigens zwei Brüder, Lon Non und Lon Nil. Lon Nil war bei einer früheren Rebellion getötet worden, da-

bei wurde seine Leber herausgeschnitten, rasch in ein chinesisches Restaurant gebracht, in einem Wok gekocht und an die Leute auf der Straße verteilt. Die Khmer glaubten wirklich an die Kräfte der menschlichen Leber.
Prinz Sirik Metak schrieb einen Brief an den amerikanischen Botschafter, in dem er ihn informierte, daß sie sich nicht evakuieren lassen wollten. Er lautete:

Liebe Exzellenz und lieber Freund,
ich danke Ihnen aufrichtig für Ihren Brief und für Ihr Angebot, mich in Richtung Freiheit zu bringen. Leider kann ich mein Land nicht auf eine solch feige Art verlassen. Was Sie betrifft, und ganz besonders Ihr großartiges Land, ich habe keinen einzigen Augenblick daran gedacht, daß Sie ein Volk aufgeben könnten, das den Weg der Freiheit gewählt hat. Sie verweigern uns jetzt Ihren Schutz, und wir können daran nichts ändern. Sie gehen, und es ist mein Wunsch, daß Sie und Ihr Land glücklich werden. Aber vergessen Sie nie: Wenn ich hier an Ort und Stelle sterbe, in dem Land, das ich liebe, dann ist das schlimm genug, weil wir alle geboren sind und auch eines Tages sterben müssen. Mir ist nur ein Fehler anzulasten, daß ich an Sie, an die Amerikaner, geglaubt habe. Bitte nehmen Sie, Exzellenz, mein lieber Freund, meine aufrichtigen und freundlichen Grüße an.
Sirik Matak

Fünf Tage später wurde ihre Leber auf Stöcken durch die Straßen getragen.

Die Amerikaner befürchteten, daß es wie die Evakuierung von Danang werden würde, aber so war es nicht. Es gab keine Krawalle, niemand hielt sich an den Hubschrauberkufen fest wie in Vietnam. Die Kambodschaner winkten nur und riefen: »Okay, bye-bye. Okay, bye-bye.« Sie lächelten immer noch.

Der letzte Hubschrauber hob ab, und eine Rote Khmer Rakete tötete einen der Zuschauer. Fünf Tage später, am 17. April 1975, war das »Jahr Null Kambodschas«.
Die Roten Khmer in ihren schwarzen Pyjamas marschierten in die Stadt, Lon Nols Truppen legten die Waffen nieder und liefen auf sie zu, um sie zu umarmen, in der Hoffnung, daß das Land wiedervereint sein würde. Die Roten Khmer lächelten nicht. Sie übernahmen die strategisch wichtigen Punkte der Stadt. Einige der jungen Soldaten sprangen in die Autos, blieben im ersten Gang hängen und setzten die Autos an Gebäudemauern, weil sie im Dschungel aufgewachsen waren und noch nie Autos gesehen hatten. Für eine Weile herrschte das Chaos, dann aber regierte bald wieder die Ordnung. Und die Roten Khmer ordneten an: »Raus. Alle raus aus der Stadt. Die Amerikaner werden Phnom Penh bombardieren. Macht, daß ihr rauskommt. Es gibt nichts mehr zu essen, also raus. Wer für euch sorgen wird? Angka wird euch schützen. Angka ist dort draußen, also macht, daß ihr rauskommt aus dieser Stadt. Angka...« wie eine perverse Wizard-of-Oz-Figur, »Angka...«, wie eine kafkaeske Gewitterwolke, die Manna regnen läßt, um die Leute zu verpflegen. Eine Stadt von zwei Millionen Menschen wurde innerhalb von 24 Stunden entvölkert.
Die, die in Krankenhäusern lagen, die nicht gehen konnten, wurden einfach aus den Fenstern geschmissen, egal, in welchem Stockwerk sie waren. Dann begann der Massenmord. Augenzeugen berichteten, daß jeder, der irgendeine Ausbildung hatte, umgebracht wurde. Jeder Künstler, jeder öffentliche Bedienstete wurde abgeschlachtet. Jeder, der eine Brille trug, wurde getötet. Die einzige Hoffnung, die bestand, war, sie davon zu überzeugen, daß man Taxi-Fahrer sei, und deswegen gab es plötzlich 1000 Taxifahrer mehr als Taxis. Genau das Gegenteil wie in New York, wo jeder sagt: »Ich bin Künstler, ich bin Künstler. Klar, ich fahr Taxi, um Geld zu

verdienen, aber eigentlich bin ich ein Künstler.« Wenn man ein Künstler war, bumm, war man tot. Kleine Kinder, 10 oder 15 Jahre alt, übernahmen das Töten. Weil es nicht genug Munition gab, schlugen sie den Menschen mit Axt-Stielen oder Schläuchen oder was auch immer über den Kopf. Ein paar Schädel waren zu hart für Stöcke oder Knüppel, und die Kinder, die sich nur von Baumrinden, Käfern, Blättern und Eidechsen ernährt hatten, hatten oft nicht genug Kraft, um sie zu töten. Um mehr Spaß zu haben, schlossen sie Wetten ab, wieviel Schläge gebraucht würden, um einen Kopf einzuschlagen.

Einige Augenzeugen berichteten, daß das Lachen der Kinder etwas Irrsinniges hatte. Und wenn um Gnade gebettelt wurde, lachten sie noch mehr. Wenn eine Frau um Gnade bat, lachten sie noch lauter. Und wer nicht starb, dessen halbtoter Körper wurde in einen amerikanischen Bombenkrater geschmissen, der ein perfektes Grab abgab. Es war so etwas wie die Hölle auf Erden.

Man wurde umgebracht, wenn man einen eigenen Kochtopf hatte. Es war besser, eine unschuldige Person zu töten, so die Roten Khmer, als einen Feind am Leben zu lassen. Es war nichts anderes als ein wissenschaftlich ausgeführter deutscher Völkermord. Kleine Kinder wurden vor den Augen der Mütter auseinandergerissen wie frisches Brot, Augen ausgedrückt, schwangere Frauen aufgeschnitten. Und das vier Jahre lang. Zwei Millionen Menschen wurden entweder direkt getötet oder hungerten zu Tode. Und bis heute weiß niemand, was wirklich passiert ist, was zu dieser Art von wahnsinnigem Völkerselbstmord geführt hat. Ach, sicher, es ist einfach herauszufinden, was in Deutschland geschehen ist, weil wir deutsch sprechen können und Hitler tot ist oder in Argentinien lebt. Aber Pol Pot ist von der Regierung der Vereinigten Staaten anerkannt. Und ihn gibt es immer noch, und er wartet.

Wir wissen nicht, was geschehen ist, weil die Vietnamesen 1979 in Kambodscha einfielen; aus ihrer Sicht eine Befreiung. Für andere war es einfach eine leichte Beute für die Vietnamesen. Das war 1979, und mittlerweile schreiben die Vietnamesen ihre eigene revisionistische Geschichte. Wir wissen nicht, was passiert ist. Vielleicht zog eine Wolke des Bösen über das Land, und die Menschen wurden einfach wahnsinnig.

Aber was immer auch geschehen ist, Pol Pot lebt immer noch da irgendwo und wartet auf seine Rückkehr. Er ist durch die Vereinigten Staaten und die Vereinten Nationen geschützt, und das Rote Kreuz versorgt ihn mit Lebensmitteln. Und er bekämpft die Vietnamesen, die, die ihm ursprünglich das Kämpfen beigebracht haben. Roland Joffe sagte zu mir: »Mein Gott, Spalding. Die Moral ist kein Fest, das sich verschieben läßt.« Aber ich sehe, daß es sich verschiebt, die ganze Zeit.

Meine letzte große Szene drehte ich zusammen mit Sam Waterston in Waheen am Golf von Siam. Nicht im Vergnügungsgefängnis, wo wir wohnten, sondern in einem hübschen viktorianischen Hotel in Waheem, das für den Film geräumt wurde, weil es so aussah wie das Hotel Phnom Penh. Das einzige, was nicht stimmte, war, daß es keinen Swimmingpool und auch keinen Tennisplatz hatte. Also wurden für den Film ein Swimmingpool und ein Tennisplatz gebaut.

Nun, was ich vergessen habe zu erzählen ist, daß die American Air Force am Boden sogenannte »Zielmarkierungen« hatte. Und wenn darüber die Flugzeuge in einer Höhe von sechs Meilen flogen, konnten die Radar-Koordinaten durch diese Zielmarkierungen eingestellt werden; dann brauchte der Navigationsoffizier nur einen Schalter umlegen, und alle Bomben wurden über dem jeweiligen Ziel durch den Computer abgeschmissen. Obwohl – natürlich schmiß niemand selbst die Bomben aus sechs Meilen Höhe ab, das geschah automatisch. Die Markierungen waren überall. Eine war auf der amerikanischen Botschaft. Eine war auch in Neak Luong, und am 7. August 1973 machte ein Navigationsoffizier einen Fehler. Er legte den Schalter zum falschen Zeitpunkt um und schmiß eine ganze Ladung Bomben über der wegen ihrer Fähren strategisch wichtigen Stadt Neak Luong ab. Der Navigationsoffizier wurde wegen dieses Fehlers mit einer Straße von 700 Dollar belegt.

Sidney Schanberg erzählte mir, daß er, als er davon erfuhr, in der *New York Times* darüber berichten wollte. Aber die amerikanische Botschaft hatte über das gesamte Gebiet eine absolute Nachrichtensperre verhängt, und niemand durfte dorthin. Sidney schaffte es durch Bestechung trotzdem, zusammen mit Dith Pran in das Gebiet zu kommen, wo ihnen dann bezahlte Männer weiterhalfen. Er erzählte mir, daß er Neak Luong zwei Tage nach dem Unfall erreichte; zwar waren alle Toten weggeschafft worden, trotzdem entdeckte er überall im Gestrüpp Haare und Blut, und er vermutete, daß mehr als zweihundert Menschen getötet worden waren. Er erzählte mir, daß ihn die Kambodschaner unter »politischen Hausarrest« stellten, damit er seine Geschichte nicht in der *Times* bringen konnte.

Während der Zeit seines Arrestes flog die amerikanische Botschaft Beamte ein, um den Menschen, die ihre Familien durch die Bombardierung verloren hatten, 100 Dollar zu geben; fünfzig bekamen die, die Arme oder Beine verloren hatten. Und die Kambodschaner waren dankbar.

Sidney erzählte mir, daß er dort das Gefühl hatte, trotzdem einfach weggehen zu können, wenn er es gewollt hätte. Er war sich ziemlich sicher, daß die Kambodschaner ihn nicht in Anwesenheit von amerikanischen Botschaftsbeamten erschießen würden. Als er losging, hörte er ein »klick« aus ihren Pistolen, und die Männer schrien: »Stopp!« – »Das hört sich vielleicht merkwürdig an«, sagte er, »aber ich fühlte mich nie lebendiger als in diesem Moment, kurz vor dem Tod. Ich fühlte mich nie lebendiger!«

Elizabeth Becker erzählte mir das gleiche. Sie arbeitete für die *Washington Post,* und eine ihrer Kolleginnen wurde von den Roten Khmer in dem Haus, in dem sie zusammen gewohnt hatten, umgebracht. Sie trauerte um ihre Kollegin, und trotzdem hatte sie gerade durch dieses Ereignis das ganz starke Gefühl, lebendig zu sein. Sie erzählte mir das, während wir auf den Stufen ihres Washingtoner Hauses saßen, Weißwein tranken und Paté mit Weißbrot aßen. Und ich hörte zu, schaute sie aber nicht an. Statt dessen beobachtete ich, wie ein paar schwarze Ameisen über die Steine krabbelten und ein kleines Stück Paté, das heruntergefallen war, fraßen. Und in meinem Blickfeld tauchte Elizabeths Hand auf, die eine weiße Leinen-Serviette hielt. Sie reichte einfach runter und vernichtete mit einem Wisch ihrer Hand den ganzen Troß Ameisen. Ich tat so, als würde ich zuhören, innerlich aber weinte ich. *Oh, mein Gott, all die Ameisen, all die unschuldigen Ameisen, völlig sinnlos gestorben.*

Was ich nun in meiner Szene mit Sam zu sagen hatte, war sehr einfach – es war etwas technisch, aber einfach: »Ein Fehler im Computer hat die falschen Koordinaten ausgedruckt. Scheint so, als ob eine einzelne B-52 sich über Neak Luong geöffnet hat. Da gibt es eine Zielmarkierung mitten in der Stadt. Prüfen Sie das nach, Sid.«
Ganz klar, einfach genug... für manche Schauspieler. Aber der Schauspieler, den Sie hier hören, braucht Vorstellungen für solche technischen Begriffe. Ich muß mir also meinen eigenen zusätzlichen Text machen, andernfalls kann ich den Text nicht behalten. Übrigens spielte ich einen der amerikanischen Beamten, die nach Neak Luong geflogen wurden. Wir waren

auf einer Müllkippe am Rande von Bangkok, aus der man Neak Luong gemacht hatte. Der Regieassistent sagte: »Würden die Künstler bitte in die Hubschrauber steigen!« Nun ist es so, daß ich für gewöhnlich auf keinen Fall in einen Hubschrauber steigen würde, aber er nannte mich einen Künstler, und – hop, hop – schon war ich im Hubschrauber, wie Pawlows Hund. Man sagte uns, daß er nur knapp drei Meter aufsteigen würde, um dann wieder zu landen. Alles, was benötigt wurde, war ein Dreh, wie die Botschafts-Beamten aus den Hubschraubern springen.
Ich stieg also in den Hubschrauber, er machte BRRRRRR und stieg hoch. Hoch über diesem unglaublichen Dschungel. Ich fühlte mich, als wäre ich in einem Film, in *Apocalypse Now*, und dann wurde mir bewußt, daß ich ja in einem Film *war!* Ich wurde gefilmt und hatte keine Angst, obwohl die Tür weit offen war und ich runterschaute. Craig T. Nelson fiel praktisch aus der Tür – wir hatten keine Sicherheitsgurte –, aber ich hatte plötzlich keine Angst, weil die Kamera den Raum eben erotisiert. Sie schützt dich wie Colgate Fluor S. Selbst wenn der Hubschrauber abstürzen würde, gäbe es doch immer noch die Aufnahmen. Meine Freunde könnten sie dann Silvester in der Performing Garage vorführen.
Wir stiegen sechsmal hoch, und das Gefühl war erhaben. Ich konnte den Chao Phrayer Fluß sehen und erkennen, mein Gott, wieviel Gelände der Film unter Kontrolle hatte! 32 Quadratkilometer Thai-Dschungel; den ganzen Fluß herauf warfen Thai-Bauern Gummireifen ins Feuer, um noch mehr schwarzen Rauch zu erzeugen, damit es wie Krieg aussah, und ich dachte: Natürlich, KRIEGSTHERAPIE! Jedes Land sollte pro Jahr einen großen Kriegsfilm machen. Er würde einer Menge Leute Arbeit geben, und sie könnten sich die Hörner abstoßen. Und wenn man in diesem Dschungel landet, braucht man keine Method-Schauspielschule. Wenn die Hubschrauberblätter über einem schwirren, schreit man,

um gehört zu werden. Man braucht keine Method-Schauspielschule, um richtig runterzuschauen und einen Thai-Bauern zu sehen, der bei 40 Grad im Schatten 15 Stunden am Tag für fünf Dollar Tagesgage mit Hühner-Innereien und Theaterblut beschmiert ist. (Wenn sie echte Amputationen haben, bekommen sie 7 Dollar 50.) Genau wie die Realität.

Also ein »Computerfehler«. Ich hatte das Bild eines Computers im Kopf, der Spaghettis ausdruckt – eine Fehlfunktion. »Druckte die falschen Koordinaten aus...«, für Koordinaten hatte ich das Bild eines Oszillators vom Wissenschaftsprojekt in der siebenten Klasse im Kopf; ich kann mich nicht mehr daran erinnern, wem er gehörte, aber es war ein Gitter-Oszillator. »Scheint so, als ob eine einzelne B-52...«, ich erinnerte mich an B-52-Bomber durch die vielen alkoholisierten Abendessen vor dem Fernseher, ... »Sich über Neak Luong geöffnet hat...« Mit Neak Luong hatte ich Schwierigkeiten. Es war ein Nachtdreh, und ich hatte einen kleinen Kater. Manchmal sagte ich Luong Neak. Ich fühlte mich noch etwas von der Party des letzten Abends mitgenommen, zuviel Marihuana und Alk. Aber deswegen machte ich mir eigentlich keine Sorgen, denn Roland hatte gesagt, daß meine Figur eine Menge trinken würde, weil er sich schuldig fühlte. Deswegen glaubte ich, daß ich bis zu einem gewissen Punkt meiner Rolle entsprechen würde.

Es wundert mich, was ein paar Leute alles machten, um ihren Rollen in diesem Film zu entsprechen. John Malkovich zum Beispiel schien die ganze Zeit seiner Rolle zu entsprechen. Selbst in den Drehpausen blieb er so, ich konnte das nicht verstehen. Deswegen ging ich zu ihm hin und fragte: »John, bist du einer der Schauspieler, die versuchen, immer in ihrer Rolle zu bleiben?« Und er antwortete nur: »Nein, Spalding, überhaupt nicht.« Ich war etwas verwirrt, dachte mir aber schließlich, daß John Malkovichs Rolle eben ein Charakter

wäre, der sagen würde, daß er nicht ständig in seiner Rolle bliebe, obwohl er es trotzdem tat.
Ein britischer Schauspieler, ein Typ aus einem Londoner Vorort mit Frau und Familie, schien seine Rolle in den Straßen Bangkoks zu *leben.* Er war davon überzeugt, daß sich sein Charakter in eine *Mamasan*, in eine der Frauen, die die Dance Halls in Pat Pong leiten, verlieben würde. Genau das machte er. Er begann wirklich, sich in eine zu verlieben, und glaubte, daß er mit ihr zusammen einen Nachtklub leitete. Dann begann er, sich vorzustellen, daß er nach Ende der Dreharbeiten hier bliebe und seinen eigenen Club in Pat Pong eröffnen könnte. Seine Frau rief laufend an und fragte uns: »Wo ist mein Ehemann?« Bis sie dann schließlich forderte: »Ihr habt ihn dort rübergebracht, nun werdet ihr ihn auch zurückbringen!« Vier Leute wurden benötigt, um ihn in das Flugzeug zurück nach London zu setzen. Er sagte, erst auf halbem Wege zurück hätte er erkannt, daß er verrückt geworden wäre.

»Okay, Jungs und Mädels, auf geht's. Vierundsechzigste.« Es war ein Nachtdreh, und wir waren schon bei der Vierundsechzigsten. Und dabei war es erst die erste Szene in dieser Nacht. Ich glaubte, daß ich es jetzt drauf hätte. »Ein Fehler im Computer hat die falschen Koordinaten ausgedruckt. Scheint so, als ob eine einzelne B-52 sich über Neak Luong geöffnet hat. Da gibt es...« Und mir fiel das Bild der Zielmarkierung nicht ein. Ich sagte: »Da gibt es ein *Zielgerät* mitten in der Stadt...«
»SCHNITT. Okay, noch mal. Reiß dich jetzt zusammen.«
Ich weiß auch nicht, warum ich mich so unter Druck gesetzt fühlte. Meine schlimmste Szene hatte ich doch schon hinter mich gebracht. Es war eine, die später dem Schnitt zum Opfer fiel und in der 888 Thai-Soldaten an etwas vorbeimarschierten, das Lon Nols Paradestand darstellen sollte. Das waren

echte Thai-Soldaten, die kambodschanische Soldaten darstellten. Und wenn der Trommler an meiner Schulter vorbeimarschierte, sollte ich zu sehen sein, wie ich Sam Waterston einige Informationen zukommen lasse. Als der Trommler auf meiner Höhe war, verpaßte ich meinen Einsatz. Bei fast 40 Grad mußten 888 Soldaten den Weg zurückmarschieren. Das dauerte fast zwanzig Minuten. Dann verpaßte Sam seinen Einsatz. Dann war irgend etwas mit der Kamera nicht in Ordnung. Wir brauchten sechs Anläufe, und dann beim sechsten Take, als die Soldaten auf mich zukamen, flüsterte mir eine innere Stimme zu: »Du wirst es verpatzen, du wirst es verpatzen, du wirst es verpatzen.« Nun, wer ist diese Stimme? Was ist diese Stimme? Das ist alles, was ich wissen möchte.

»Okay, Jungs und Mädels, auf geht's. Fünfundsechzigste.«
»Ein Fehler im Computer hat die falschen Koordinaten ausgedruckt. Scheint so, als ob eine einzelne B-52 sich über Luong... über Neak... tut mir leid.«
»In Ordnung, Spalding. Sechsundsechzigste.«
Dann hatte ich mein Bild für eine Zielmarkierung. In einem Kinderbuch sah ich eine Taube, eine heimkehrende Taube, die auf eine Leuchtturmbake zufliegt. Alles klar. »Auf geht's. Sechsundsechzigste.«
»Ein Fehler im Computer hat die falschen Koordinaten ausgedruckt. Scheint so, als ob eine einzelne B-52 sich über Neak Luong geöffnet hat. Da gibt es...« Und ich wußte, das wird klappen. Es war egal, was ich dachte, solange ich überhaupt irgend etwas dachte. Weil doch jeder, der sich den Film anschauen würde, seine eigenen Gedanken hätte und sie auf mich projezieren würde.
»Da gibt es eine Zielmarkierung mitten in der Stadt. Prüfen sie das nach, Sid.«
Die gesamte Crew brach in Applaus aus. Sechsundsechzig

Takes und fünf Stunden später als vorgesehen, mitten in der Nacht, und wir hatten die erste Szene des Abends im Kasten. Und mir wurde gesagt, daß die Entwicklung dafür 30000 Dollar kosten würde, inklusive der Kosten für Film und Crew. Dann, als ich wieder zurück in New York war, wurde ich angerufen, um die ganze Szene noch einmal zu sprechen – wegen der Grillengeräusche. Was man also im Film hört, ist meine Stimme in New York, ich schaue mir dabei Schwarzweißaufnahmen an, die während eines heißen Sommerabends am Golf von Siam aufgenommen worden waren.

Ein Privatwagen wartete auf uns, und René und ich wurden zurück ins Vergnügungsgefängnis gefahren. Während wir fuhren, überlegte ich mir: »Warum fühle ich mich so aufgedreht, so aufgepumpt, so gereizt? Ich bin acht Wochen hier und habe nur acht Tage gearbeitet.« Ich meine, die verrückten Engländer, diese Briten waren unwahrscheinlich. Ein sechzigjähriger Maskenbildner stand jeden Tag stundenlang in der brennenden Sonne, nur um uns Eisstücke in den Nacken zu pressen, damit wir nicht in Ohnmacht fielen, und ich beschwerte mich? Ich fühlte mich kaputt, aufgequollen, fertig. Aber, ach, wie mir das fehlen sollte. Wie mir das fehlen sollte.

Im Auto fahrend, sagte ich leise Lebewohl. Lebewohl an das phantastische Frühstück, die Ananasstücke, die mir noch nie so geschmeckt haben und wohl auch nie wieder so schmecken werden. Lebewohl an die frischen Mangos und Papayas, Lebewohl an das Thai-Mädchen und das frische, saubere Baumwollbettzeug jeden Abend auf meinem riesengroßen Bett. Lebewohl an die unwahrscheinlichen, kostenlosen Mittagessen im Zirkuszelt mit frischem Fleisch, das jeden Tag aus Amerika eingeflogen wurde. Lammbraten, Bratkartoffeln und grüne Bohnen bei fast 40 Grad, in Absprache mit British Equity. Lebewohl an den Kuchen und den Tee und das Eis um vier. Lebewohl an den Thai-Fahrer mit den getönten Brillengläsern und dem Mercedes mit den Einwegscheiben. Lebewohl an die frische Rose im Glas jeden Morgen auf meinem Schreibtisch.

Und gerade als ich im Vergnügungsgefängnis eindösen wollte, kam mir ein Gedankenblitz. Eine dunkle Ahnung. Plötzlich glaubte ich zu wissen, was Marilyn Monroe getötet hatte.

Teil 2

Ich sagte also Renée, daß ich am achten Juli oder sobald ich einen Perfekten Augenblick gehabt hätte, zurückkommen würde, was immer auch zuerst eintritt. Also, ich dachte, das wäre in Ordnung so; ich dachte, ich wäre in der Lage zurückzufahren, aber... plötzlich fand ich heraus, daß ich einen offenen Rückflug hatte, und das letzte Mal, als ich einen offenen Rückflug hatte, wäre ich beinahe in eine Anstalt gekommen, weil ich nicht in der Lage war, eine Entscheidung zu treffen.

Ich glaubte, daß ich seitdem erwachsen geworden wäre; ich glaubte, daß ich meinen Entscheidungsfinder entwickelt hätte, aber es passierte wieder genau das gleiche; ich überlegte mir, da bist du nun hier in diesem Teil der Erde, du bist in Thailand, und wie oft werde ich hier noch mal sein? Was soll ich machen? Nun, vielleicht sollte ich nach China fahren – das war das erste, was mir einfiel. Und dann stellte ich mir vor, wie ich durch China trampte. Dann dachte ich, nein, vielleicht würde ich ja auf meiner Tour durch die Städte hängenbleiben, es wäre zu heiß und zu voll. Vielleicht Nepal. Ich würde hinauf in die Berge gehen – dann dachte ich, viel zu weit weg vom Wasser, runter nach Bali vielleicht. In meinem Kopf hatte ich also so eine Art China-Nepal-Bali-Dreieck, und ich würde also zu der Frau hingehen, die verantwortlich für die Transportangelegenheiten bei den Dreharbeiten war, und ich würde sagen: »Barbara, ich glaube, daß ich wohl vermutlich nach China will.«

»Na gut, Spalding«, würde sie sagen. »Ich glaube, du solltest dir ein Visum besorgen und – warum nimmst du nicht einfach dein Ticket? Wenn du Schwierigkeiten hast, dich zu entscheiden, ist das deine Sache. Bei uns warst du jetzt oft genug.«

In dieser Phase, als ich mich durch die verschiedenen Dreiecke kämpfte, ging ich in den Video-Raum der Ausstattung im Hotel (wo wir alle unsere Hausaufgaben erledigen konnten und uns *Cambodia Year Zero* oder jedes andere Video über Kambodscha anschauen konnten), und ich schaute mir ein Video an, das *Going Back* hieß. Es geht um vier Veteranen, die Weihnachten 1981 nach Hanoi zurückkehren. Ursprünglich waren sie dort gewesen, um Menschen zu töten, und jetzt kamen sie zurück, um Freunde zu finden. Es war ein faszinierendes Video. Tom Bird spielte darin einen der Veteranen, und er hatte auch eine Rolle in *The Killing Fields.*

Dieses Video hat mich regelrecht mitgerissen, nicht so sehr wegen der amerasischen Kinder auf den Straßen, obwohl sie natürlich schön waren, oder wegen der Leute, die in den Krankenhäusern an den Auswirkungen von Agent Orange litten, sondern wegen der Tatsache, daß die Straßen von Hanoi voll waren mit Fahrrädern. Ich hatte noch nie so eine Stadt gesehen. Das einzige Geräusch, das man hörte, war der Wind in den Fahrradspeichen. Und ich dachte mir, das wäre doch nun ein Ort für meinen Urlaub. Zumindest wäre ich dort kein Tourist.

Und mehr und mehr begann ich mich als »Little Drummer Girl« zu fühlen. Ich wollte ein echter Auslandskorrespondent sein und nicht nur einen darstellen.

Also ging ich zu Tom Bird und fragte ihn: »Wie groß sind unsere Chancen, nach Vietnam zu kommen?« Und er ant-

wortete: »Wir könnten es schaffen. Wir könnten es schaffen, wenn wir unseren Grips anstrengen. Das beste wäre, Spalding, daß wir einfach bei der vietnamesischen Botschaft anfangen.« Nun war ich schon mal bei der amerikanischen Botschaft gewesen, und das hatte mich verdammt eingeschüchtert, weil die Klimaanlage dort so allgegenwärtig war, daß ich gar nicht sagen konnte, woher die kühle Luft kam. Es zog nicht, man saß nur in diesem großen, kühlen Glasblock mit hübschen Flammenbäumen draußen vor dem Fenster. Die vietnamesische Botschaft war dagegen nicht so modern. Sie lag nur ein Stück die Straße hoch und erinnerte im Vergleich zu der amerikanischen Botschaft stark an eine sehr saubere polnische Männertoilette. Sie war extrem karg und einfach eingerichtet – es gab keine Möbel. Also, das einzige Möbelstück stand im Hauptraum und war ein hübscher Teakholz-Tisch, an dem wir alle saßen, um mit den Botschaftsbeamten zu sprechen. Es war ein sehr feiner Tisch. Man hatte ihn wohl vor den Bomben gerettet. Auf der Tischplatte war per Hand ein dreidimensionales Relief eingeschnitzt, mit Elefanten, die mit ihren Rüsseln Teakholzbäume niederrissen, damit daraus Tische entstanden. Also, man sieht, das war ein Tisch der reflektierte. Er erzählte eine Geschichte über sich selbst. Es war sogar ein Tisch, der zweimal reflektierte, sozusagen reflexiv, weil er mit einer Glasplatte bedeckt war, in der ich jedesmal mein Spiegelbild sah. Ich trug blaue Thai-Baumwoll-Bauernkleidung aus thailändischer Heimarbeit, und der Botschaftsbeamte sagte: »Man wird sie in Hanoi mit dieser Kleidung sehr mögen.«
Der vietnamesische Beamte hörte uns wirklich zu, während der amerikanische Botschafter sich ziemlich autoritär gebärdet hatte. Der vietnamesische Beamte war sehr interessiert daran, was Tom Bird und ich in Vietnam vorhatten, und er forderte uns auf, einen Brief nach Hanoi zu schicken, in dem wir unsere Pläne darstellen sollten. Er sagte: »Als erstes, be-

vor wir anfangen zu reden, könnten sie mir folgendes erklären: Ich habe gehört, daß die USA Vietnam ›auf die hintere Herdflamme gestellt‹ haben. Können sie mir nicht mal erklären, was das heißt: auf die hintere Flamme gestellt, hm? Werden wir verbrannt?«
Tom, der sehr politisch denkt, antwortete: »Nein, nein. Sie müssen das anders sehen. Also, sagen wir mal, Sie haben etwas Reis, und Sie haben etwas Kaffee. Ihr seid der Reis, und Zentralamerika ist der Kaffee. Und worum es eigentlich geht, was wir nämlich machen, ist, daß wir den Reis auf die hintere Herdflamme stellen, um ihn warm zu halten, weil wir nämlich vorne auf der großen Flamme den Kaffee kochen wollen.« »Ah, ich verstehe. Nun, dann bedanke ich mich. Das erklärt das.«
Dann sagte Tom: »Nun möchte ich ihnen gerne Amerikas besten autobiografischen Geschichtenerzähler vorstellen – Mr. Spalding Gray.«
»Ah, sehr angenehm. Waren sie schon mal im Fernsehen?«
Damit wußte ich jetzt nicht umzugehen. Ich wollte ihm nicht direkt sagen, daß ich noch nicht mal einen Fernseher besaß, vor allem, weil ich wußte, daß im kommenden Frühjahr NBC, CBS und ABC aus den Straßen von Hanoi berichten sollten, vorausgesetzt, daß man einverstanden war, die gesamte Satellitenausstattung für die Vietnamesen dazulassen. Und ich war mir sicher, daß die Vietnamesen die amerikanische Öffentlichkeit brauchten, um gewisse Dinge über Vietnam zu erfahren. Also überlegte ich mir, es wäre einfach besser, auf seine Frage einzugehen. Ich sagte: »Bisher war ich noch nicht im Fernsehen, aber ich habe das auf der hinteren Flamme, eigentlich.«

Die David-Letterman-Show hat Interesse. Ab und zu ruft mich Jerry Mulligan, einer aus Davids Team (und der Sohn eines irischen Polizisten aus Cranston, Rhode Island) an, um

zu fragen, wie es mir geht: »David will wissen, wie es um diesen komischen Typen hinter seinem Tisch aus Downtown steht. Und er will wissen, Spalding, ob du mir nicht *etwas Witziges am Telefon erzählen kannst.*«
»Was war das?«
»David möchte, daß du mir jetzt sofort *etwas Witziges am Telefon erzählst, das ich ihm dann weitererzählen kann.*«
Deswegen habe ich es auf der hinteren Herdflamme.

Wir entschieden uns also – vorausgesetzt es war möglich –, nach Vietnam zu fahren. Und ich konnte Renée mit Hilfe von Tom beruhigen. Im Grunde war es Tom, der sie beruhigte. Er ging einfach zu Renée und sagte mit seiner tiefen, bestimmten und überzeugenden Stimme: »Renée, Spalding und ich werden zusammen nach Hanoi fahren, und er wird am 8. Juli zurück in Krummville sein.« Und Renée sagte zu mir: »Warum kannst du nicht so reden? Nimm dir ein Beispiel an Tom. Und selbst wenn du es nicht so meinst, könntest du es sagen und mich damit beruhigen. Ich meine, ich habe einen vierundzwanzigstündigen Flug vor mir, und es wäre einfach nett, nach Hause zu fahren und zu wissen, wann ich dich wiedersehen werde. Schreib mir dann einen Brief, und laß mich jetzt bitte in Ruhe.«
Wir versöhnten uns wieder und sagten uns zärtlich Lebewohl, draußen vor den Toren des Vergnügungsgefängnisses. Es war mir klargeworden, daß ich mit Tom zusammenbleiben wollte. Außerdem – vielleicht wäre Thailand der richtige Ort für einen Perfekten Augenblick. Ich hatte gehört, daß Phuket der nächste Ort war, wo es eine Menge Magic Mushrooms gab, für den Fall, daß ich einen Perfekten Augenblick nicht organisch bekommen würde, hätte ich ihn so künstlich auslösen können. Warum nicht? Und Tom Bird würde mein fliegender Teppich sein. Ich würde dann wegfahren, wenn er fährt, und wir würden entweder nach Vietnam fahren oder

zusammen nach Hause fliegen. Er hatte noch ein paar Aufnahmen zu machen, ich dagegen war schon fertig. Ich hatte meine letzte große Szene, die aus vierundsechzig Takes bestand, beendet, und nun würde ich also so lange warten, bis Tom seine letzten Aufnahmen beendet hatte. Also frage ich die Produktionsfirma, ob ich mit nach Phuket reisen könnte, eine wunderschöne Insel im Indischen Ozean, an der südlichen Küste Thailands. Dort sollten Außenaufnahmen von einer Coca-Cola-Fabrik gemacht werden, wo Sidney Schanberg zum ersten Mal die Roten Khmer gesehen haben soll. (Eigentlich hat er sie zum ersten Mal bei einer Pepsi-Fabrik in den Außenbezirken von Phnom Penh gesehen, aber in Phuket konnte keine Pepsi-Fabrik gefunden werden, also gab man sich mit Cola zufrieden.)
Die Leute vom Transport sagten mir, daß ich mitfahren könnte, allerdings könnte ich keinen eigenen Fahrer mehr haben, ich müßte statt dessen mit dem Künstler-Bus fahren.

Früh am Morgen stieg ich in den Bus ein. Es sollte eine fünfzehnstündige Reise werden, und uns wurde gesagt, daß wir *vielleicht* von Banditen oder der Thai-Polizei ausgeraubt werden könnten. Es wäre wahrscheinlicher, daß uns die Thai-Armee ausrauben würde. Die einzige Straße nach Phuket war eine Staubstraße, eine Staubstraße durch den Dschungel.
Als ich in den Bus stieg, sah ich keinen Künstler, und deswegen war ich mir nicht sicher, ob das nun der richtige Bus war oder nicht. Statt dessen aber eine Menge interessanter Leute, mit denen ich bisher noch nichts zu tun gehabt hatte. Uberto Pasolini von der Pasolini Film- und Bankiersfamilie aus Rom; 28 Jahre alt und ausgestiegen aus dem Familiengeschäft, um Orangensaft beim Film zu schleppen. Er wollte sich von ganz unten hocharbeiten, um dann am Ende Filmproduzent zu werden. Er saß ganz vorne in diesem 50er-Jahre-Greyhound-Bus, schaute hinaus und tat dabei so, als sei sein Kopf eine

Kamera, die mit seinen Augen Panorama-Aufnahmen des nichtssagenden Dschungels macht. Er war glücklich.
Neben ihm saßen die kambodschanischen Flüchtlinge aus Long Beach. Sie waren engagiert worden, um mitzufahren und um Anhaltspunkte für Authentizität zu liefern. Falls irgendwelche Fragen bezüglich der Authentizität aufkommen würden, könnten sie gefragt werden. Und weil Pol Pot alle kambodschanischen Schauspieler hatte umbringen lassen, mußten sie auch einige der Rollen besetzen, obwohl sie keine Schauspieler waren; sie waren in keiner Weise ausgebildet. Sie waren Flüchtlings-Sozialarbeiter aus Long Beach.
Dann war da noch Neevy Pal, eine Kambodschanerin, die verwandt war mit Prinz Sihanouk und am Whittier-College studierte. Neevy saß vor mir und versuchte, die Kambodschaner im Bus zu organisieren, weil sie glaubte, daß *The Killing Fields* ein neo-kolonialistischer Film sei und daß die Briten die Kambodschaner übersehen würden. Sie wären freundlich gegenüber den Amerikanern und zu allen anderen, aber die Kambodschaner würden einfach übersehen und wie Flüchtlinge behandelt. Das kotzte sie an, und deswegen versuchte sie, die Kambodschaner in einer Art bewußtseinserweiternden Gruppe zu organisieren. Direkt zu meiner Rechten saß ein Typ, der, glaube ich, ein Elektriker war oder einer der Köche und der bemerkte: »Spalding, was machst du in diesem Bus? Wo ist dein Fahrer? Ich würde mich bei British Equity beschweren, wenn ich du wäre.« Mittlerweile war ein Streit um die Klimaanlage ausgebrochen. In einer Minute war sie hochgestellt worden, in der nächsten runter, und vorne war es kalt und hinten warm. Er sagte immer wieder: »Ich würde mich bei British Equity beschweren, wenn ich du wäre. Wo ist dein Fahrer, mein Junge? Wo ist dein Fahrer?«
Und ich sagte: »Um dir die Wahrheit zu sagen, ich arbeite nicht mehr in diesem Film.«
»Oh, also hast du eine Freifahrt, oder? Das ist gute Arbeit,

wenn man sie kriegen kann. Nun, das ist dann gute Arbeit, oder nicht?«

Also, ich saß da und fühlte mich ungefähr so, als wäre ich in Vermont, weil die Klimaanlage so hoch eingestellt war. Ich trug meinen Regenmantel und hatte mir meinen Schal um den Hals gewickelt. Draußen war es 40 Grad warm, der Monsun prasselte durch die nichtssagenden Palmen, und nach ungefähr sieben Stunden Fahrt hielten wir an, um Mittag zu essen. Ich glaube, das war das einzige Restaurant an der ganzen Straße nach Phuket, und als wir ankamen, hatten schon die ganzen Schauspieler, die in ihren Privatwagen gekommen waren, den großen Speiseraum besetzt; ich setzte mich deswegen zusammen mit den kambodschanischen Flüchtlingen aus Long Beach nach draußen. Ich bestellte gebackenen Fisch, und in dem Moment, als er gebracht wurde, setzte ein so heftiger Monsunregen ein, daß mein Fisch überflutet wurde, bevor ich ihn in Sicherheit bringen konnte. Ich ließ ihn einfach liegen und rannte nach drinnen, wo ich versuchte, mir einen Fisch zum Mitnehmen zu bestellen.

Nachdem die Monsunschauer vorüber waren, stand ich draußen, leicht durchnäßt, beim Künstler-Bus, und hier auf dem Parkplatz war auch Ivan (Teufel in meinem Ohr); er kam auf mich zu, wirkte etwas mephistophelisch (er hatte einen grauen Bart, ein gutaussehender Mann) und sagte: »Spalding. Ich soll verdammt sein, wenn ich die nächsten sieben Stunden weiterreise, ohne stoned zu sein. Willst du nicht mit mir einen Thai-Joint rauchen?« Ich sagte: »Mmm, in Ordnung. Ich werde es versuchen, hm, ich habe inzwischen ja nicht getrunken oder mich mit Renée gestritten, in Ordnung, ich mache mit.« Also nahmen wir (paff-paff) nur ein paar Züge (paff), und dann überkam mich eine leichte Paranoia, nur leicht. Ich sagte: »Ivan, was machst du übrigens im Künstler-Bus? Ich stelle fest, daß du auch hier drin bist.«

»Ich weiß nicht, wie ich da rein gekommen bin,« sagte er.

»Ich wußte noch nicht mal, daß das hier ein Künstler-Bus ist.« Und plötzlich kam mir der paranoide Gedankenblitz, daß es noch einen anderen Bus gab, in dem wir eigentlich sein sollten, ein viel besserer Bus, ein Trailway-Bus mit einer perfekten Klimaanlage, der über eine Asphaltautobahn dahingleitet, voll besetzt mit ganz unterschiedlichen Künstlern: Philip Glass, Laurie Anderson, John Lurie, Bill Irwin, Eric Bogosian, David Byrne, Whoopi Goldberg. Alle waren da, hatten Wasserpfeifen, unterhielten sich über interessante Dinge, lungerten auf den sehr komfortablen Matratzen herum, und – das schlimmste von allem – sie lachten. Aber dann ließ ich davon ab. Ich wußte, daß es nur ein Hirngespinst war, nur eine schwachsinnige Paranoia, und ich dachte, also los, Spalding, entweder bist du im Bus, oder du bist nicht im Bus. SEI JETZT HIER. Und dann erkannte ich, daß ich im Bus war und daß es der richtige Bus war, der einzige Bus; ich hatte kein Zeitgefühl mehr, war ich in Thailand oder in Vermont?.
Wegen der Klimaanlage war es im Bus wie in Vermont, und ich zog meinen Regenmantel an, wickelte mir meinen Schal um den Hals und holte meinen Flachmann mit Irischem Whiskey raus. Draußen war es wie in Thailand. Richtig, es war Thailand. Es war heiß, und der Monsun prasselte durch die nichtssagenden Palmen wie auf keinem Reiseposter, das ich irgendwo hätte sehen können, und alles erinnerte mich an ein Gedicht von Wallace Stevens:

Ein goldgefiederter Vogel
singt auf der Palme, ohne Bedeutung
und ohne Gefühl, ein fremdes Lied.

Im Bus hatte mir Ivan seinen Stereo Walkman geliehen, und in Thailand kam ich endlich dazu, mir Beethovens Streichquartette anzuhören. Und während ich aus dem Fenster

schaute und der Monsun sich ergoß, bogen wir plötzlich – in einem zeitlosen Moment mitten auf der Reise – um eine Ecke, und da war es: Ein unglaublicher Ausblick auf den Indischen Ozean. Ich hatte es absolut nicht erwartet, ich hatte es nicht erwartet, so früh oder so spät oder so. Ich hatte es einfach nicht erwartet.
Das war wie ein orientalisches Hudson-River-School-Gemälde. Der Ozean krachte heran, eine große, weiße Brandung; die größten Wellen, die ich bisher gesehen hatte; unter einem großartigen, schwarzen Monsunhimmel, weiße Vögel trieben im Wind, Regenbögen wölbten sich, Palmen rissen auseinander – Oh, mein Gott, beinahe. Ungefähr die Neun auf meiner Zehner-Skala für einen Perfekten Augenblick. Wäre ich da draußen gewesen in meiner Badehose, ich hätte an diesem Nachmittag nach Hause fahren müssen.

Kurz danach erreichten wir das Phuket Merlin; es war das schmierigste, rattenverseuchteste Hotel, in dem wir jemals waren. Es war noch nicht mal in der Nähe des Wassers. Ich kam in das Hotel – wir waren vierzehn Stunden unterwegs gewesen –, und ein Thai, der auch in der Film-Crew arbeitete, kam heraus, und er hatte eine Tasche voll mit etwas, das aussah wie ein Haufen phosphorezierender Pilze, der blau schimmerte. Und er sagte: »Ich hab' sie, ich hab' sie. Ich hab' die ganzen Magic Mushrooms, soviel wie wir alle brauchen.« Einfach strahlendes Blau – sie schimmerten bläulich, diese unglaublichen Magic Mushrooms hatten einfach eine blaue Aura. Ich dachte, auf gar keinen Fall werde ich irgend etwas von einem Mann in Empfang nehmen, der so sehr lächelt. Er machte mich paranoid, er war so glücklich. All dieses Glück, das sollte verboten werden – es war schockierend. Ich hatte die Befürchtung, daß ich nie zurückkommen würde, wenn ich diese Pilze äße. Daß ich als glücklicher Lehrer in Thailand enden würde.

Der nächste Tag war frei. Ich blieb bei Tom, weil ich versuchte, etwas Geld zu sparen. Ich hatte 600 Dollar in thailändischen Bhat gespart, und ich hatte vor, mir einen Perfekten Augenblick zu kaufen, falls ich keinen bekommen würde. Also blieb ich in Toms Zimmer, wir hatten zusammen ein Zimmer genommen, und an unserem freien Tag gingen einige von uns runter zum Strand – wir hatten gehört, daß es der sagenumwobene Shangri-La-Strand sein sollte.
Nun hatte ich gedacht, daß das nur so ein Touristen-Hype wäre. Jedesmal, wenn ich ein fremdes Land bereiste, erzählte man mir, daß Shangri-La ganz in der Nähe sei. Wir mieteten also ein Auto und schlängelten uns an den Wasserbüffeln und Reisfeldern vorbei und kamen an einem wunderschönen Strand raus. Aaah. Keine Touristen. Kein Strandgut. Keine Dosen. Keine Plastiktüten. Nur Wasserbüffel, die wie Statuen im Dunst am anderen Ende des Strandes standen. Sie standen dort, als wären sie ausgestopft. Es erinnerte mich an den Einzug der Thailänder bei Robert Wilsons Kunstolympiade-Veranstaltung. Keine Schiffe draußen auf dem Indischen Ozean, eine wahnsinnig starke Brandung – der perfekte Kodakchrome-Tag. Die Sonne war noch nicht zu sehen, und es war hell, aber nicht zu sonnig.
Weiter hinten standen Strohhütten; dort konnte man etwas frühstücken, und alle gingen dorthin, um frischen Fisch, Ananas und Bier zu kaufen; Ivan und ich stürmten wie zwei Kinder direkt ins Wasser. Ich konnte es nicht fassen, es hatte Körpertemperatur, nicht zu warm, genau richtig. Wenn man wollte, konnte man den ganzen Tag drin bleiben. Die ganze Zeit stürmte ich rein und raus. Ivan ging weit raus, direkt in die großen Brecher, aber ich blieb in der Nähe des Strands.
Ich war etwas nervös wegen der Haie. Ich habe viele Ängste, Phobien; und Haie und Bären stehen ganz oben auf der Liste. Tatsächlich bin ich einer dieser Menschen, die sogar erst mal einen Swimmingpool kontrollieren, bevor sie hineingehen.

Ich denke oft, daß ein Witzbold einen Hai aus Jux in den Pool gesteckt hat. Außerdem hatte ich immer noch mein ganzes Geld in meiner Badehose, und ich wußte nicht, wo ich es besser verstecken konnte. Also fragte ich Ivan, wo ich es hintun könnte, und er sagte: »Ach, laß es doch am Strand, da wo meine Kameraausrüstung ist.«
Er hatte etwas von einem Sadisten, der mit meinem Masochismus spielte, und als ich gerade ins Wasser gehen wollte, sagte er: »Weißt du, als ich in Afrika meine Kameraausrüstung am Strand zurückließ, kamen die Eingeborenen sofort aus dem Dschungel und nahmen sie mit. Was sollte man denn machen? Ihnen in den Dschungel nachjagen? Neeee.«
Ich schaute nach hinten auf mein Geld und sah es schon verloren, als er sagte: »Gut, Spalding. Mann, hör zu, Spalding. An unserem nächsten freien Tag werde ich dir das Tauchen beibringen. Du wirst Fische sehen, die du noch nie vorher gesehen hast. Du wirst einen Tiefenrausch bekommen, Mann, das wird unglaublich sein.«
Und ich sagte, »Oh, mein Gott, endlich. Wie eine Initiation. Ich werde ein Mann.« Ich wollte schon immer meine Ängste zusammen mit einem anderen Kerl überwinden, tauchen und all so was. Ich wollte es schon immer mal mit dem Tauchen probieren, aber ich hatte Angst vor Haien, die mich von hinten angreifen. Und jetzt wollte Ivan mir dabei helfen, meine Angst zu überwinden und mein Taucher-Guru werden. Ivan sagte: »Das werden wir machen. Und, Spalding, du wirst Fische in allen Farben sehen, du hast noch nie so etwas gesehen... aber es gibt *Teufelsfische*, und du trittst besser nicht auf so einen, weil du dann nämlich nach sieben Sekunden tot bist. Es gibt kein Gegenmittel, also trag deine Turnschuhe.«
Das brachte mir ein Erlebnis mit Kenny Mason aus meiner Kindheit in Erinnerung. Einmal war ich in Barrington, Rhode Island, Schlitten fahren, und Kenny sagte: »Hier in

dem Wald gibt es Löwen.« Ich war sieben Jahre alt, und ich glaubte ihm. In Barrington, Rhode Island, Löwen im Winter. Weinend lief ich den ganzen Weg nach Hause.

Ich fühlte mich also wieder wie dieser Siebenjährige, und ich lief immer wieder rein ins Wasser und wieder raus, wie ein aufgeregtes Kind, weil ich nicht glauben konnte, daß ich hier mit Ivan im Paradies war. Ich dachte, daß ich es nicht verdient hätte, an so einem schönen Ort zu sein, und ich lief aus dem Wasser auf den Strand, um mir einen Überblick zu verschaffen. Ich lief am Strand entlang und schaute mich um, um uns da draußen in der Brandung zu sehen, aber ich verpaßte mich jedesmal; dann lief ich zurück, um wieder drin zu sein. Dann wieder am Strand lang und wieder zurück und wieder am Strand lang und zurück und ein drittes Mal. Ivan war weg. Er war draußen in der hohen Brandung gewesen, und jetzt war er weg, und ich dachte, o nein, verdammte Scheiße. Er ist ertrunken. Ivan ist ertrunken.

Ich meine, so was passiert ja, Leute ertrinken. Ich habe darüber gelesen und auch die Warnung der Filmfirma gelesen, die besagte: »Schwimmen sie nicht in Phuket.« In den letzten Jahren waren mehrere Menschen wegen des starken Sogs ertrunken, und das erste, was mir durch den Kopf schoß – und das ging sehr schnell, das alles ging sehr schnell –, war natürlich: Er ist ertrunken. Einen Film über soviel Tote zu machen, da muß eigentlich doch auch eine reale Person sterben.

Das nächste, was mir durch den Kopf schoß, war: Ich bin nicht schuld! Es war Selbstmord!

Das nächste war: Schnell! Du mußt jetzt einen möglichst vertrauenswürdigen Mann finden. Auf keinen Fall würde ich jetzt ins Wasser gehen und rausschwimmen, ich würde es nicht bis zur hohen Brandung schaffen. Die erste Person, die mir einfiel, war John Swain, der Korrespondent für die *London Times* in Paris. Er war hier gewesen, als die Roten Khmer in Phnom Penh einmarschierten. Er war vielleicht der narzißtischste Journalist von allen, weil er nach Thailand gekommen war, um zu sehen, wie er von Julian Sands dargestellt wurde. Und so tat ich es also und schrieb einfach: »JOHN! JOHN SWAIN! KOMM SCHNELL! ICH KANN IVAN NICHT MEHR SEHEN!« Und alle ließen ihre Stäbchen fallen und begannen zu laufen. Ein paar liefen durch den Sumpf, andere liefen über die Holzbrücke, und die erste Person, die den Strand erreichte, war Judy Arthur, die Publizistin. Judy war früher Lebensretterin gewesen, und so hatte sie die gute Idee, auf den höhergelegenen Teil des Strandes zu laufen. Ich stand unten direkt am Wasser und konnte nichts erkennen; die anderen versuchten, mich zu beruhigen. Meine Knie zitterten, und ich war kurz vorm Erbrechen. Sie sagten mir: »Hör zu, Spalding. Beruhige dich, beruhige dich. Er wird schon nicht ertrunken sein, er ist aus Südafrika.« Ich ging am Strand auf und ab und versuchte, das zu interpretieren, nachzuvollziehen, als Judy Arthur Ivan da draußen entdeckte. Er war abgetrieben worden. Judy sah seinen Kopf da draußen und rief ihn zurück.

Ich sagte dann zu ihm: »Mein Gott, Ivan! Ivan, hör zu, ich dachte, du wärst ertrunken. Dachte ich wirklich.«

Er sagte: »Spalding, es tut mir wirklich leid, Mann. Hör zu, mach dir wegen mir keine Sorgen, ich ertrinke nicht. Ich bin aus Südafrika.«

Dann gingen alle zurück zu ihrem Frühstück, und ich sagte: »Ivan, mach das bitte nicht noch mal.« Nachdem er versprochen hatte, es nicht mehr zu machen, kam er näher und sagte: »Übrigens, Spalding. Als du um Hilfe gerufen hast, wie viele kamen denn da? Kam Judy Freeman?«

Und ich sagte: »Ja, Judy Freeman kam, Judy Arthur kam, alle Judies kamen. Laß uns was essen gehen.«

Also gingen wir rüber frühstücken, und plötzlich erkannte ich, daß ich mit richtigen Menschen zusammen war, und ich fühlte mich immer mehr wie »The Little Drummer Girl«. Ich war hier zusammen mit richtigen Auslandskorrespondenten. Bis dahin war ich immer nur mit Schauspielern zusammengewesen – die sind gar nichts. Sie sind nur Kanäle. Sie sind nicht so bedrohlich wie richtige Menschen. Es ist eine Sache, eine Rolle von einem Text aus aufzubauen, sie zu füllen und zu entwickeln. Aber es ist etwas anderes, jemand darzustellen, also Mark Twain oder Harry Truman überall in den USA darzustellen und niemals sie sein zu können.

Aber Mark Twain und Harry Truman sind tot. Und ich spielte einen Typen, der lebte. Er arbeitet für die amerikanische Botschaft in Bangkok, er hat in Princeton graduiert und spricht sechs Sprachen inklusive Khmer. Ich habe auf dem Emerson-College graduiert und habe immer noch Schwierigkeiten mit dem Amerikanischen. Und all diese Leute hier sind so was wie Auslandskorrespondenten, die einfach in ein Flugzeug steigen und wegfliegen können, ohne Angst haben zu müssen, daß sie nicht mehr wissen, wo sie sind. Einmal sind sie in Beirut, im nächsten Moment sind sie in einem Atom-U-Boot vor der Küste Südfrankreichs, und jetzt sind sie hier, essen und reden über ihre Erfahrungen. Die ganze Welt sehen sie als ihre Bühne. John Swain, zum Beispiel, stritt sich mit Leuten darüber, ob es auf dem Khyber Pass Kokain gibt. Es gab eine große Diskussion über dieses Thema. Dann begann Judy Arthur von ihrer sechsten Reise nach China zu erzählen. Chris Menges, der Kameramann, redete über seinen Film, einen Dreiteiler, der den Weg des Opiums von Burma nach Harlem nachverfolgt. Und er erzählte, daß in Burma Kopfgeld auf ihn ausgeschrieben ist. Die Opium-Kriegsherren, die die Gegend unter Kontrolle hatten, wollten ihn umbringen, weil er auf der Seite der Guten war, und er hatte Aufnahmen von 18 Monaten auf dem Rücken eines Esels, die er nicht aus Burma herausbringen konnte. Davon redete er. Dann war da noch Ivan, der erzählte, wie unzivilisiert der Amazonas ist. Er war da unten gewesen, um einen Film über Kokain zu machen. »Spalding, Mann! Da solltest du mal hinfahren. Es ist unglaublich. Es ist wirklich wild. Keine buddhistischen Beschränkungen wie hier in Thailand.«

Dann war da noch Roland Neveu, der aus Beirut geflogen kam, nachdem er dort fotografiert hatte. Er war in Phnom Penh gewesen, als die Roten Khmer einmarschierten, und jetzt war er hier, um seine neue Unterwasserkamera zu testen; und er schaute nur kurz rein, um »Hallo, Freunde« zu sagen und ein Bier zu trinken, bevor er sich auf den Weg zu einem Atom-U-Boot vor der Küste von Südfrankreich machte. Und da war Minty Clinch, ein Publizist, der davon redete, durch Patagonien zu trampen. Vergiß das Trampen, ich konnte mir noch nicht mal was unter Patagonien vorstellen. Und da war eine schöne Frau, die auf einer vierzigtägigen Fastenkur war. Sie war halb Thailänderin und halb Schottin. Was für eine Kombination. Olala!

Ihre Mutter war aus Schottland gekommen, um einen Thailänder zu heiraten – normalerweise ist es genau umgekehrt. Beide waren Ärzte, und sie bekamen ein Baby, aus dem dann diese fastende Frau wurde. Sie hatten Mandel-Augen, diese Thai-Augen und Thai-Hautfarbe, aber auch einen typisch anglo-amerikanischen Knochenbau und Sommersprossen; und sie war sehr schön.

Sie war hier, um vierzig Tage zu fasten. Zuerst hatte sie das Fasten auf einer texanischen Fastenfarm gelernt, und jetzt war sie hier in Thailand, um es selbständig zu machen und uns beim Essen zuzuschauen.

Und dann war da noch ich, der eine unwahrscheinlich große Biene beobachtete, die wie eine Karikatur einer Biene aussah, weil sie so groß und flaumig war; ihre Streifen waren sehr breit, und ich sagte: »Wow! Guckt euch diese Biene an.«

Und alle sagten: »Das ist doch nur eine Biene, Spalding.«

Bald war das Essen vorbei, und es war wieder Zeit, schwimmen zu gehen. Ivan und ich stürmten runter zum Strand, wie zwei Kinder, die nach dem Essen nicht eine Stunde warten konnten.
Und Ivan sagte: »Hey, laß uns einen reinziehen.«
Ich sagte: »In Ordnung. Gott weiß, ich kann mein Kundalini auf diesem Strand rauslassen.« Normalerweise blieb das immer in meiner unteren Chakra stecken, aber ich wußte, daß ich mir das auf dem Strand ablaufen konnte.
Ich nahm zwei Züge und hatte dann ein leicht paranoides Erlebnis; es betraf mein Geld und wo ich es verstecken sollte. Zuerst begann ich Löcher in den Sand zu graben, änderte dann aber meine Meinung und ging zum Wagen, um das Geld dort unter der Gummimatte zu verstecken. Aber dann dachte ich mir, daß meine völlige Konzentration darauf, wo ich das Geld verstecken sollte, Gedankenwellen produzierte, die von den Thais gelesen werden, und daß sie mein Geld finden könnten. Und Gott weiß, sie brauchten es nötiger als ich. Deswegen nahm ich einfach das Geld und ließ es ganz offen auf dem Strand liegen.
Ich konnte Ivan draußen in der riesigen Brandung sehen, und er rief: »Spalding! Spalding! Ich kann dich sehen, wie kleine Wellen. Du weißt gar nicht, was das heißt zu leben, solange du nicht hier draußen in diesen riesigen Dingern warst.« Ich wollte wirklich da raus.
Ich ging immer weiter raus, und jedesmal, wenn ich dachte, daß mein Geld gestohlen wird, hatte ich weniger Angst vor den Haien. Das ging fast automatisch. Ich ging immer weiter raus und immer weiter, bis ich plötzlich so weit draußen war wie noch nie zuvor in einem Ozean, auf der Welt, überall. Ich war sogar weiter als Ivan. Ich war so weit draußen – wegen des Blicks auf die Küstenlinie wußte ich, daß ich noch nie in

so einer Situation gewesen war. Ich hatte die Küste noch nie von so einem Blickpunkt aus gesehen. Sie war so weit weg, daß ich mich völlig von der Mutter Erde abgekoppelt fühlte. Plötzlich spielte Zeit keine Rolle mehr, keine Angst, und kein Körper, der gebissen werden konnte. Keine Konturen mehr. Nur ein einziger, großer Ozean. Mein Körper war mit dem Ozean verschmolzen. Und obendrauf ein über beide Ohren lächelnder Kürbiskopfempfänger, der sich auf und ab bewegte. Und der Empfänger ging rauf mit den Wellen, dann ging er wieder runter, und sie umschlossen den Empfänger, und es hätte auch mitten auf dem Indischen Ozean sein können, weil kein Land mehr zu sehen war. Und dann trugen die Wellen den Empfänger hoch, wo er auf eine große Wand Wasser runtersehen konnte, runter auf Judy Arthur und John Swain, die bodysurften – wie auf einem Hawaii-Reiseposter; und dann, uuphs, ging der Empfänger wieder runter. Ich weiß nicht, wie lange das ging. Bei alldem spielte Zeit keine Rolle, bis ich durch Ivans Rufe in die Zeit zurückgebracht wurde: »Spalding! Spalding! Komm zurück, Mann! Das Wasser da kenne ich noch nicht!«
Ich glaubte ihm und dachte mir, daß ich in Schwierigkeiten bin. Ich fiel zurück in die richtige Zeit und zurück in meinen Körper und schwamm zu Ivan. Wir traten zusammen Wasser. Ich hatte Panik und rechnete jeden Augenblick mit einem »Zack!«, einfach »Zack!«, und der untere Teil meines Körpers ist durch einen großen Haibiß einfach weg. Weil, jetzt war ich zurück in der Zeit der Angst. Außerdem war ich traurig, weil ich wußte, daß ich einen Perfekten Augenblick gehabt hatte und ich jetzt nach Hause fahren mußte. Und Ivan schwamm raus, um mein Wasser zu testen; und er kam würgend zurück...
»Oohaaaaaaaaah!«
...Wasser lief aus Nase und Mund, und er sagte: »Spalding, Mann. Ich weiß jetzt, wie es ist, zu ertrinken. Ich bin da draußen beinah ertrunken.«

Und ich dachte, oh, Scheiße. Jetzt muß *ich* raus und »beinahe ertrinken«. Nein. Nein, ich werde jetzt nicht auf dieses männliche Wettbewerbsding hereinfallen. Ich weiß genau, was Ivans Vorstellung von einem Perfekten Augenblick ist: der Tod! Deswegen schwamm ich wieder zurück, zu Penny Eyles, der Skriptlady. Genau die, die ich jetzt an diesem Punkt brauchte.

Ich sagte: »Penny, hör zu. Ich hatte einen Perfekten Augenblick, aber mir fehlen die Worte dafür. Aber ich kann dir von meiner neuen Theorie der Angstverlagerung erzählen. Also, wenn du schon immer etwas machen wolltest, Penny, du aber Angst davor hast und dir der Mut fehlt, nimm einfach einen Bündel Geldscheine und laß ihn irgendwo liegen, wo er gestohlen werden kann. Dann kannst du das tun, was getan werden muß. Konzentrier dich einfach nur auf dein Geld.« Sie sagte: »Spalding, Spalding, du bist ein merkwürdiger Kerl. Weißt du was? Du denkst zuviel. Was machst du da eigentlich, Mutproben in einem Alter von 42 Jahren? Hast du das nicht als junger Spunt gemacht?«
»Nein«, sagte ich. »Hätte ich? O Gott, habe ich das etwa auch verpaßt? O nein, ich weiß, mein Bruder Rocky hat das für mich gemacht. Er hat sehr früh mit Mutproben begonnen. Am meisten Angst hatte er vor dem Keller in unserem Haus. Wenn unsere Eltern weg waren, drehte er das Licht aus und kroch auf seinem Bauch aus dem Schlafzimmer die Treppe runter, dann die Kellertreppe runter, und mit geschlossenen Augen tastete er die Kellerwände ab, jede Ritze, und tastete dann den ganzen Raum ab, bis er entweder starb oder nicht starb.« Dann sagte Penny: »Ich möchte, daß du jetzt mit mir am Strand langspazierst, ohne einmal zurück auf dein Geld zu schauen. Wir werden bis hinten zum Ende des Strands spazieren. Auf geht's.«
Und ich spazierte mit Penny rückwärts den Strand lang, ohne

ein einziges Mal den Blick von meinem Geld zu wenden. Dann, als wir am hinteren Ende des Strandes angekommen waren, ergriff mich eine neue Ladung Energie. Riesige Wasserbüffel kamen bis zu meiner Schulter auf mich zu, zusammen mit rattenartigen, lumpigen Thai-Kindern mit Stöcken, die auf thai mit den Büffeln redeten und mich ignorierten. Ich trieb in dieser Junge-Büffel-Energie umher, wie Casper, der freundliche Geist. Ich war in ihrem Energiefeld, in meiner Badehose und bereit, überall mit hinzugehen. Ich wurde einfach weggespült, genau wie das Wasser. Ich ging mit ihnen und war glücklich; und plötzlich weckte mich eine menschliche Stimme, und während ich aus der Ferne Judy Freeman rufen hörte, ertrank ich. »Spalding! Spalding! Zeit zu gehen. Zeit wieder zurück ins Phuket Merlin zu gehen.«

Also ging ich. Ich mußte. Diese Leute waren zu meiner Nabelschnur geworden. Ich atmete durch sie.
Im Hotel angekommen ging ich zu der Person, die schnell zu meinem Beichtvater geworden war, Athol Fugard. Nun, Athol schien meine Geschichten gerne zu hören, und außerdem hatte er gerade das Trinken aufgegeben, und deswegen kaufte er mir Drinks und lebte sozusagen stellvertretend durch mich. »Spalding! Ich werde einen Orangensaft trinken, und du nimmst ein Bier. Also, was ist los. Erzähl mir von deinem Tag.«
Ich erzählte es ihm. Ich berichtete ihm von meinem Perfekten Augenblick auf dem Indischen Ozean, und er sagte: »Spalding. Die See ist eine wunderschöne Dame.« (Er ist Südafrikaner, wie Ivan). »Die See ist eine wunderschöne Dame, wenn du in ihr spielst, aber sie ist eine Hure, wenn du *mit* ihr spielst. Spiele niemals mit der See. Du kannst froh sein, hier zu sein. Du kannst froh sein, noch zu leben.«
Ich glaubte ihm. Wir gingen essen – Athol, Graham Ken-

nedy, Tom Bird und ich. Danach machten Tom und ich einen Nutten-Schaufensterbummel und gingen ins Bett. Ich schlief schaukelnd in den Armen der See, wie als Kind, damals in Jerusalem, Rhode Island, mit Sand in meinem Bett. Es war eine schöne Nacht, tadelloser Schlaf, und das Bett schaukelte leicht.

Der nächste Tag war der 24. Juni, und für alle, die noch am Film arbeiten mußten, war es ein neuer Arbeitstag. Ich wollte am Drehort sein, weil es ein sehr... explosiver Tag werden sollte, an dem die ersten Bomben auf die Coca-Cola-Fabrik fallen sollten.

Als ich am Set ankam, stand alles in Flammen, wie eine kleine Ausgabe der Hölle. An allen Gebäuden standen flammende Gasbrenner, damit sie den ganzen Tag brannten, ohne auszugehen. Auch Cola-LKWs brannten, und ich mußte Cola-Kisten gegen eine Wand schmeißen, um die Flaschen kaputt zu machen, damit es so aussah, als wäre eine Bombe hochgegangen. Die Thai-Statisten standen rum und waren mit Hühner-Innereien, Bühnenblut und etwas, was aussah, als wären es echte Verbrennungen dritten Grades, beschmiert worden. Sie standen alle in einer Reihe und lächelten. Während wir das Areal verwüsteten, entschied ich mich, mit ein paar Leuten zu reden. Ich vermutete, daß Tom jederzeit mit seiner Rolle fertig sein würde und wir dann abreisen müßten, entweder nach Hanoi oder Krummville. Deswegen befand ich mich langsam in dem Zustand, in dem man glaubt, daß man entweder sterben oder diesen Ort für immer verlassen wird, und dann versucht man ganz einfach noch, jeden kennenzulernen, bevor man fährt.

Keith, der Kostümbildner, war der erste. Ich hatte noch nicht mit ihm gesprochen. Er war mir immer als etwas verrückt erschienen, und ich erzählte ihm von meiner Theorie der Angstverlagerung. Er sagte: »Kenn' ich alles. Sicher. Ich hab'

da oben in Nottingham eine bezaubernde Frau, eine Weiße. Sie ist verflucht. Jedesmal, wenn ich fliege, wird sie etwas krank, in einer Kneipe, verstehst du. Sie wird krank. Sie übernimmt meine Angst, und ich habe einen wunderbaren Flug. Kenn' ich alles. Ich kenne zum Beispiel eine Schauspielerin. Die haßte einen Schauspielerkollegen und wollte ihn aus der Sendung haben. Sie steckte einen kleinen Zettel unter den Teppich einer Bühnentreppe. Auf dem Zettel stand: ›Daß du stolperst und dir dein Bein brichst.‹ Und genau das passierte. Oh, ich kenne das alles.«
Dann verließ ich Keith, um mit Haing Ngor zu reden. Ich hatte zwar nicht direkt mit Haing über dessen Geschichte gesprochen, aber ich hatte schon von ihr gehört. Ich glaube, ich schämte mich, oder ich wollte ihn nicht belästigen, weil man ihn schon so oft nach dieser Geschichte gefragt hatte. Er spielte die Rolle von Dith Pran. Nun war auch Haing mehrere Jahre unter dem Regime von Pol Pot gefoltert worden, so daß er also bis zu einem gewissen Grad sowohl seine eigene Lebensgeschichte als auch Prans Geschichte verkörperte. Seine Geschichte: Haing war ein kambodschanischer Gynäkologe, und während einer Notoperation in Phnom Penh stürmten die Roten Khmer ins Krankenhaus und wollten wissen, wo der Doktor wäre. Haing ließ einfach sein Zeug fallen und sagte: »Ich bin kein Arzt, ich bin ein Taxi-Fahrer. Ich habe nur den Arzt hierhergefahren.« Und er ließ den Patienten auf dem Operationstisch liegen und war von dem Tag an ein Taxifahrer.
Die andere Sache, die Haing Ngor so interessant für mich machte, war sein Zorn. Von allen Kambodschanern, die ich getroffen habe, zeigte er seinen Zorn am deutlichsten, und ich glaube, daß er deswegen für diese Rolle ausgesucht worden ist. Alle anderen lächelten immer. Es ist kaum zu glauben, daß sie immer noch lächeln konnten, aber sie lächelten ständig über alles. Ich weiß nicht, woher das kommt, aus dem Buddhismus oder weil sie einfach zuviel gesehen hatten,

um darüber zu reden, aber sie waren immer sehr sanft und lächelten. Haings Wut dagegen war ganz offensichtlich, und ich ging auf ihn zu und fragte ihn, was ihm denn widerfahren sei.
»Sie haben! Plastik! Plastiktüte! Über meinen Kopf!«
»Und dann?«
»Und dann. Nahmen sie mich. Sie fesselten mich an ein Kreuz. Und verbrannten meine Beine. Und verbrannten mich hier.«
Und er zeigte mir die Brandnarben auf seinen Beinen.
»Sie haben dich verbrannt? Wie hast du das überstanden? Was hast du denn dabei empfunden? Was war los?«
»Ich weiß. Um dir die Wahrheit zu sagen. Ich war hundertprozentig tot. Jetzt bin ich nur 98prozentig tot. Die Wahrheit. Hundertprozentig tot.«
»Wie bist du geflohen?«
»Sie haben mich genommen. Und die Roten Khmer steckten mich ins Gefängnis.«
»Sie haben dich ins Gefängnis gesteckt, ja, und...«
»Sie brannten es ab.«
Die Roten Khmer waren wirklich verrückt. Sie steckten ihn ins Gefängnis, setzten es dann in Brand, und die Häftlinge liefen natürlich raus. Einige verbrannten, jawohl. Andere flohen. Haing floh und aß sich mit der traditionellen Diät durch Kambodscha – Käfer, Baumrinde, Blätter und Eidechsen. Zum Schluß erreichte er ein Thai-Flüchtlingslager, und jetzt lebt er in L. A.

Danach ging ich zu den Sparks, den britischen Elektrikern. Ich beneidete sie am meisten um ihre Art der selbstzufriedenen Arroganz. Sie waren diejenigen, die, sobald sie in Thailand ankamen, loszogen und sich Thai-Frauen kauften. Inzwischen glaube ich, daß das eine Frage der Klassenzugehörigkeit ist. Kein einziger Schauspieler machte das. Die Elektriker konnten das. Ich weiß nicht, ob das mit Elektrizität oder so was zu tun hat, aber ich weiß, daß sich die Schauspieler keine Frauen kauften, jedenfalls nicht offen. Sie machten das eher versteckt und schlichen dafür nachts durch die Gegend. Diese Leute aber gingen einfach los, nahmen sich die Frauen und gründeten kleine lachende Familien. Manchmal habe ich an ihren Hotelzimmertüren gelauscht. Sie waren da drin und sprachen unter der Dusche auf pidgin-englisch miteinander.

»Hey, beeg guy, ohkeeyouass I keeckassoh ho ho ho!« – Gelächter. Ich meine, das meiste Englisch, das sie konnten, hatten sie von den bekannten Platten: »Lies, Lies, Lies, Liars,« oder »Do You Want to Funk?«. Den Tag über hingen die Thai-Frauen draußen am Pool rum und redeten, abends dann kamen die Männer von der Arbeit nach Hause, und alle gingen essen. Die Thai-Frauen wußten genau, was sie bestellen mußten; alle hatten Spaß und lachten. Die Frauen sprachen untereinander, und die Männer sprachen untereinander – nun, keine sonderlich radikale Idee, klar, aber wesentlich fröhlicher als die meisten Kleinfamilien, denen ich in irgendwelchen McDonalds oder Howard Johnsons begegnet bin. An ihrem Tisch hörte man viel mehr Gelächter. Ich weiß nicht, wofür Lachen ein Indiz ist, aber es hat etwas mit Freude und Sichgehenlassen zu tun. Ich war schon bei Prostituierten in New York und Amsterdam, und die sind sehr cool, ein ganz normales Geschäft. Es ist, als ob man zu einem sehr gleichgültigen Arzt geht. Man würde sich nicht automatisch verlieben. Aber ich glaube, daß man sich sehr leicht in eine Thai-Hure verlieben kann, sehr leicht. Sie schienen wirklich Spaß zu haben und fütterten die Sparks mit Kokosnuß-Reis, während sie sich wie riesige Gauguins vor ihnen räkelten. Und wenn sie tatsächlich alle schauspielerten, dann sollte, außer Haing, ein großer Teil von ihnen einen Oskar bekommen. Und jawohl, ich habe natürlich auch die andere Seite der Geschichte gehört, und ich weiß, daß es eine dunkle Seite genau wie bei allem anderen auch hier gibt. Erst vor kurzem, während ich durch L. A. fuhr, hörte ich einer sehr wütenden Frau auf Radio KPFK zu, die über Nachforschungen erzählte, die sie über Kinderprostitution in Thailand angestellt hatte. Sie sagte, daß zehnjährige Mädchen von bösen Menschen gekidnappt und in der Stadt zu Prostituierten gemacht werden und daß sie wie Sklaven an die Betten gekettet werden. Als eines der Bordelle abbrannte, waren verkohlte, an Betten gekettete Skelette von Zehnjährigen alles, was gefunden wurde. Aber bis nach meiner Rückkehr aus Thailand hatte ich davon noch nichts gehört, während ich dort war, sah alles so aus, als wäre es Spaß. Ich wollte mitmischen, aber es ging nicht, weil meine inneren Widersprüche zu groß waren.

Dann plötzlich hörten die Pistolenschüsse auf, und das Maschinengewehrfeuer und die Bombardierung begannen. Fünfhundert Cola-Kisten wurden durch das Lager gefegt. Hinter der Kamera lief John Swain zu Julian Sands, der ihn darstellte, und John schrie ihm zu: »Was für ein wunderbarer Krieg! Was für ein großartiger Krieg! Man weiß genau, daß man nicht erschossen wird!« Was nur meine ganze Idee von Kriegstherapie bestätigte.

Wir liefen durch das Maschinengewehrfeuer, schwarzer Rauch stieg von brennenden Gummireifen auf, und plötzlich war Mittagspause. Wir setzten uns alle zusammen an einen Tisch, mit den Thai-Bauern, die völlig blutverschmiert waren – es sah so aus, als ob ihre Gesichter abfallen würden. Und wir aßen alle gemeinsam, als plötzlich ein Monsunschauer aufkam und eins der Zelte zusammenfiel; eine reale Thai-Frau wurde real ausgeknockt. Man trug sie rein und legte sie mitten auf den Tisch, wo das Essen stand. Der Kampf also zwischen Monsun und Film. Dann war der Monsunschauer vorbei, und die Dreharbeiten wurden fortgesetzt; diesmal gab es so viel schwarzen Rauch, daß man noch nicht mal mehr den Himmel sehen konnte. Überall Raketen und Maschinengewehrfeuer. Judy Freeman, die den Ton machte, sagte zu mir: »Spalding, mein Gott, wieso fühlst du dich schuldig? Was machst du mitten in einem Krieg, wenn du doch am Paradies Beach sein könntest? Chris und ich haben dort ein Haus gemietet, das wir nie benutzen. Du kannst jederzeit hinfahren. Fahr hin. Amüsier dich.«

Und ich dachte mir, warum nicht? Wieso fühle ich mich schuldig? Und schließlich, für so was sollte man keine Zeit verschwenden.
Ich ging spazieren, und es war sagenhaft. Was für ein schöner Tag. Die Sonne schien, ich fühlte mich in die Zeit zurückversetzt, als ich in der siebten Klasse war und ich morgens um zehn aus der Schule kam. Einfach ein freier Junge. Und ich ging zurück zum Hotel, schnappte mir Billy Paterson, seine Freundin Hildegarde und ein paar von den kambodschanischen Flüchtlingen, und wir mieteten uns ein Auto und fuhren zurück zum Karon Beach. Diesmal war es zwar nicht so schön, das ist es nie beim zweiten Mal, aber es war immer noch schön. Und ich ging mit einem der kambodschanischen Flüchtlinge am Strand spazieren. Der Strand war völlig leer, ein wunderbarer Tag, starke Brandung. Ich sagte: »Und, was machst du hier? Ich meine, was hast du bisher gemacht? Wird es nicht langweilig?«
»Nein, ich ›kämpfe‹ jede Nacht. In der letzten Nacht habe ich sechsmal ›gekämpft‹.«
»Was soll das heißen, ›kämpfen‹?«
Es stellte sich heraus, daß es ein Euphemismus für ficken war. Aus irgendeinem Grunde hatten die Kambodschaner eine Menge Codewörter für ihre sexuellen Eskapaden. Wenn ein Kambodschaner zu einem Massage-Salon ging, sprach er von »zu einem Interview gehen«. Dieser spezielle Code war aus der Tatsache entstanden, daß einer der Kambodschaner seine

Frau mitgebracht hatte, und jedesmal, wenn er zu einer Massage ging und von seiner Frau gefragt wurde, wohin er denn ginge, hatte er ihr geantwortet, daß er ein Interview wegen des Films geben müsse. (Er hatte eine sehr kleine Rolle.)
Also, Massage gleich »Interview« und ficken gleich »kämpfen«.
»Du hast letzte Nacht sechsmal gekämpft?« fragte ich. »Hast du denn keine Angst vor der südostasiatischen Tripperwelle, die so stark sein soll, daß sie selbst den Stärksten umhaut?«
»Nein, nein. Haing ist ein kambodschanischer Gynäkologe. Er hat mir gesagt, was man machen muß. Er sagt, nach dem Kampf viel Bier trinken und am Morgen viel Penizillin essen.«
Er war also auf einer Bier/Penizillin-Diät. Und er glaubte daran. Er behauptete, daß es bisher funktioniert hat. Wir spazierten am Strand, und er pflückte uns drei frische Kokosnüsse. Er schnitt sie oben ab, und wir tranken die frische Kokosnußmilch, als wir auf zwei Touristen stießen. Auf so einem Strand, wenn man da auf zwei Touristen stößt, nun, sicher, da hält man an und redet mit ihnen.

Jack und Mary aus Saudi-Arabien – Mary über Dublin und Jack über Washington State. Mary war Krankenschwester in Saudi-Arabien, und Jack plastischer Chirurg. Sie waren Reisegefährten. Sie waren auf Urlaub, aber Jack hatte ein spezielles Interesse an Thailand, weil es, wie er sagte, hier wie in keinem anderen Land besondere Aufgaben auf dem Feld der plastischen Chirurgie gäbe. Jack hatte von den eifersüchtigen Thai-Ehefrauen gehört, die ihren Männern die Schwänze abschneiden und sie dann an die Enten verfüttern. Und er hatte von den Spezialabteilungen für plastische Chirurgie gehört, wo die Ärzte sie wieder annähen. Er sagte, daß es hier in Thailand und auf den Philippinen mehr Herausforderungen an einen

plastischen Chirurgen gäbe als in irgendeinem anderen Land und daß er daran dachte, etwas länger zu bleiben.
»Kommen Sie, begleiten Sie uns zum Essen«, schrie ich. »Essen Sie mit uns, und erzählen Sie uns von all Ihren Reisen durch die Welt.« Das war wie eine große Hemingway-Geschichte. »Kommen Sie! Setzen Sie sich, und erzählen Sie uns von Saudi-Arabien!«
Mary begann: »Nun, Saudi-Arabien, mein Gott. Mann, Sie würden nicht glauben, wie primitiv das ist. Da gibt es immer noch öffentliche Exekutionen, und als Fremder wird man einfach direkt nach vorne geschoben, und wenn man dann den Kopf abfallen sieht, plopp, fällt man in Ohnmacht. Ach, und Hände werden da auch abgeschnitten. Bei Diebstahl werden die Hände abgeschnitten und die Stummel in kochendem Öl verätzt. Ach, und außerdem, Leute werden gesteinigt, immer noch. Und dann gibt es modernere Varianten. Es gibt einen zeitgenössischeren Stil, ich habe das gesehen. Eine Frau zum Beispiel – sie war Ehebrecherin, die schwanger geworden war. Man wartete bis zur Geburt des Babys, dann wurde sie bis zum Hals im Sand begraben, und ein Lastwagen mit einer vollen Steinladung wurde über ihren Kopf entleert. Das ist die moderne Methode des Steinigens. Was halten Sie davon?«
Ich sagte: »Guter Gott! Gott sei Dank lebe ich in Amerika!«
Und so nahm die Unterhaltung ihren Verlauf, und wie so oft beim Essen wurden die üblichen Themen abgespult: Von Sex, Sterben und Steuern bis zu Scheiße und Geld, je nachdem, ob es sich um eine gemischte Gesellschaft handelt oder nicht. In diesem Fall war es eine gemischte Gesellschaft, und man landete beim Geld. Wenn man mich fragt, wieviel Geld ich verdiene, sage ich es. Aber für viele ist Geld ein Tabuthema. Mein Vater zum Beispiel hätte nie darüber geredet. Er hat nie jemandem gesagt, wieviel er verdient.

Es begann alles damit, daß Billy Paterson zu mir sagte: »Und Spalding, was wirst du denn mit dem ganzen Geld machen, das du hier verdienst?«
»Was? Was für Geld?« Der Film hatte ein mittleres Budget, ungefähr zwanzig Millionen, und man hatte mir gesagt, daß alle das gleiche Geld verdienen würden, mit Ausnahme von Sam Waterson, der etwas mehr bekam, und die Kambodschaner, die viel weniger bekamen.
Und Billy sagte: »Nun, ich sag's dir, wenn du es mir sagst.«
»In Ordnung. Sag du zuerst.«
»Nun, soviel ich weiß, verdienen die Briten 3000 Dollar plus 325 Dollar Spesen die Woche.«
»Auuuh. Und ich dachte ich verdiene gut, aber ich bekomme 1500 Dollar die Woche und 325 Dollar Spesen. 3000 Dollar, das ist doppelt soviel, oder nicht?«
»Na ja, Spalding, weißt du, vielleicht liegt das daran, daß du keinen Agenten hast.«
Und plötzlich sah ich nur noch rot. Natürlich! Einen Agenten! Was mache ich hier, liege am Strand wie ein alter, zweiundvierzigjähriger Hippie, der hier in Thailand nach einem Perfekten Augenblick sucht? Was mache ich hier eigentlich, nach dem kosmischen Bewußtsein suchen? Kosmisches Bewußtsein, das ist etwas für Leute, die sich das in diesen Zeiten leisten können. Los! Besorg dir einen Agenten! Fahr nicht nach Hanoi! Verpaß jetzt nicht diese Gelegenheit! Geh sofort nach Hollywood, und besorg dir einen Agenten! Und überhaupt, worum geht es in diesem Film? Ums Überleben! Um wessen Überleben? Mein Überleben! Los! Besorg dir einen Agenten! Geh nach Hollywood, und mach fünf Filme, die dir nicht richtig gefallen! Mach sie! Besorg dir ein Haus draußen in den Hamptons, wo du deine eigenen Perfekten Augenblicke in deinem eigenen Garten haben kannst. Lad deine Freunde zu einem Perfekter-Augenblick-Nachmittag ein.

Fahr zurück an deinen eigenen Ozean. Los! Los! Geh nach Hollywood, und besorg dir einen Agenten.

Erschöpft von dieser Epiphanie, torkelte ich zum Strand runter und fiel in einen halbmiasmatischen Schlaf, in dem ich glaubte, wieder zurück auf Long Island zu sein, in den Hamptons, und meinen eigenen Ozean zu hören, ohne jeweils vierundzwanzig Stunden mit Thai Air reisen zu müssen. Ich war schon fast eingeschlafen, als ich jemand schreien hörte. »Boat people! Boatpeopleboatpeopleboatpeople *Boat people*!«

Ich wachte auf und sah, wie die Thai-Kellner aus dem Restaurant mit Ferngläsern auf das Meer schauten, und ich stand auf und schaute auch. Und da draußen sah ich ein uraltes Schiff, wie ein altes Cidre-Holzfaß, das hin und her schwankte; mit den ganzen kleinen Köpfen am Bootsrand – wie Wynken, Blynken und Nod. Sie waren weit draußen, und ein paar Thai-Fischer versuchten das Boot mit Leinen einzufangen. Sie sahen wirklich wie echte vietnamesische Boat people aus. Aber waren sie das wirklich? Es war nicht zu fassen – genau in dem Moment, als ich begann, Vietnam zu vergessen und von den Hamptons zu träumen, tauchten diese unglücksseligen Meereszigeuner auf.

Und Jack – Jack aus Saudi-Arabien über Washington –, Jack, so ein Typ, der so eins war mit seinem Körper, daß er es auch wieder nicht war; dieser Typ, der den Mount Everest am Wochenende hochsteigt, nur um dann auf Skiern runterzufahren und das auf Video aufzunehmen – dieser Jack also kam her, zog seine Brille ab und ging einfach immer weiter raus ins Wasser, wie in einem Cartoon.

Und er fraß sich wie eine Kreissäge durch mein Perfekter-Augenblick-Areal.

Genau durch Ivans konzessionierte Gewässer… und verschwand im Indischen Ozean.

Ich lief am Strand auf und ab. Zwanzig Minuten später spa-

zierte er aus dem Ozean, und ich sagte: »Verdammt noch mal! Wo warst du? Wo bist du gewesen?«
Und er sagte mit einer gleichgültigen, ruhigen, fast teilnahmslosen Stimme: »Och, ich wollte nur mal rausschwimmen und sehen, ob es wirklich Boat people waren, aber sie sind weggeschleppt worden, bevor ich da war.«
»Jack, was meinst du, wie weit draußen war das?«
»Och, eine Meile, eineinhalb.«
»Machst du so etwas öfter?«
»Nun, ich mag Langstreckenschwimmen. Als ich einmal fast zweieinhalb Stunden an der Küste New Jerseys geschwommen bin...«
»Zweieinhalb Stunden? Und was ist, wenn ein Gewitter aufzieht?«
Auf seinem Gesicht zeigte sich ein leichtes, seltsames Lächeln, während er antwortete: »Yeah... Ich bin mit einem Seeungeheuer oder so was zusammengestoßen, ich meine, was immer es auch war, es hätte sich nicht von mir treffen lassen sollen; ich bekam Panik und schwamm zurück.« (Falls man sich das vorstellen kann – zweieinhalb Stunden draußen, und dann panisch zurückschwimmen.)
»Ich schwamm zurück, und am nächsten Tag wurde so einem Typ das Bein direkt am Knie von einem Hai abgebissen, in knietiefem Wasser. Deswegen bin ich wohl mit diesem Hai zusammengestoßen, aber ich hatte Glück und habe ihn an der Nase getroffen.«
Jack und Mary wollten mit uns in die Stadt fahren. Sie sagten, daß Shangri-La bei Nacht nicht interessant wäre. Es war tatsächlich langweilig, und alles was sie machten, war »kämpfen«. Sie wollten mit uns in der Stadt zu Abend essen.
»Klar. Kommt vorbei. Es gibt immer wieder interessante Konfigurationen – wir sind 130. Manchmal ißt man mit jemandem, den man mag, und manchmal stellt man sich nicht so an und lernt neue Leute kennen.«

Als ich zurück ins Hotel kam, erfuhr ich, daß Tom Bird seine letzte Szene beendet hatte, und ich dachte, o Gott, Zeit zum letzten Abendmahl. Deswegen war ich wirklich etwas niedergeschlagen, und ich versuchte Tom zu überreden, noch ein paar Tage zu bleiben und zum Karon Beach zu fahren.

»Tom, du mußt bleiben. Du mußt wirklich bleiben. Wir werden eine wunderbare, wunderbare Zeit am Strand haben, Magic Mushrooms essen. Bleib doch einfach noch drei Tage länger?«

»Spalding, klopf dir bitte den Sand von den Beinen, wenn du hier reinkommst.«

Jetzt war mir klar, daß irgend etwas Merkwürdiges los war. Ich hätte ihn wirklich fragen sollen. Wenn ich heute etwas von dieser Reise bedauere, dann, daß ich Tom Bird nicht gefragt habe, warum er nicht mit mir zu diesem Strand kommen wollte.

Es war Zeit zum Abendessen, und ein paar von uns gingen in ein Garten-Restaurant direkt am Indischen Ozean. Wir waren ungefähr zu zwanzig Leuten; es sah so aus wie ein großes Erntedankfest-Abendessen – das letzte Abendmahl direkt am Ende der Welt. Die Inseln weit hinten, über die der sanfte, kühlende Passatwind strich, gaben kein Licht und kein Leben ab. Es gab nur uns und die Thai-Kellner, die unter den bunten japanischen Laternen, die im Wind schaukelten, hin- und herliefen.

David Puttnam saß am Kopf des Tisches, und ich saß zu seiner Linken mit dem Rücken zum Meer. David hielt ein Bild von John Malkovich in die Luft und sagte: »So, ich habe gehört, daß John keine Filme mehr machen will. Er sagt, daß er zurückkehrt an die Steppenwolf Theatre Company in Chicago.« John saß am anderen Ende des Tisches; ich war etwas betrunken und sagte: »Yes, I think the Lady doth pro-

theth too much.« John zwinkerte zurück und nahm es als gutgemeinten Witz.
Ich muß zugeben, daß ich mich jetzt in einer Konkurrenzsituation fühlte. Ich hatte schon so lange meine Einzelvorstellungen gegeben, daß ich diesen ganzen Konkurrenzkram, der aufkommt, wenn soviel Talent auf einen Haufen zusammenkommt, vergessen hatte. Ich war schon so lange in der Performing Garage, daß ich einfach den Kontakt zu dieser Szene verloren hatte. Ich weiß, daß John nicht nur ein guter Schauspieler ist, sondern auch ein guter Geschichtenerzähler. Er könnte genauso wie ich, weit weg, meinetwegen in Chicago oder Alaska hinter einem Tisch sitzen und Geschichten ähnlich wie diese erzählen.
Die Frage, die sich mir stellt ist, könnte ich den Biff auf dem Broadway spielen? Sind wir auswechselbar? John kriegt einfach Arbeit. Sie scheint ihm einfach zuzufliegen, weil er sie nicht braucht. Außerdem hat er einen guten Manager. Nicht nur, daß er einen guten Agenten hat, er hat auch einen *sehr guten* Manager. Tatsächlich, ich weiß nicht, ob das jemand mitgekriegt hat, aber als *The Killing Fields* in der *New York Times* besprochen wurde, gab es außerdem an einer anderen Stelle in der gleichen Ausgabe einen kleinen Artikel über den Stromausfall auf der Queen Elizabeth II., und wer wurde für das Interview kontaktiert? John Malkovich. Wie kam er auf die Queen Elizabeth II.? Sein Manager. Und woher wußte die *Times*, daß er dort war? Sein Manager. Und warum ging das Licht aus? Sein Manager. (Und wie wurde Ronald Reagan Präsident?) Sie haben das inszeniert, um eine Erwähnung zu bekommen. Es ist ein Echo – man sieht, eine Kritik ist nicht genug.

Jetzt sitze ich hier also am Tisch, und es ist nicht so, daß mich John Malkovich an meinen Bruder erinnert oder daß mich David Puttnam an meinen Vater erinnert, aber trotzdem hat das, was sich hier abspielt, mit einer typischen Familienszene zu tun. Ich meine, mein Vater saß am Kopf des Tischs, wie David Puttnam, aber er redete nie so viel wie David Puttnam. Die einzigen beiden Dinge, die mein Vater sagte, waren »Alles ist relativ« und »Was immer du auch machst, aber heirate eine wohlhabende Frau«. Und das ist doch, denke ich, ein guter Ratschlag. Man bekam Physisches und Metaphysisches. Und er war, wie David Puttnam, ein guter Fürsorger.

Jeden Sonntag gab es Steak, und jeden Montag gab es Braten – Rinderbraten, Lammbraten. Und ich kann mich an einen Montag erinnern, wo ich meinen Teller weiterreichte, um mehr von dem blutarmen Rinderbraten zu bekommen. Ich war nicht hungrig, aber ich wollte einen dritten Nachschlag. Mittlerweile weiß ich, daß ich gewissermaßen den Körper meines Vaters essen wollte. Ich verstehe das. Aber trotzdem wollte ich mehr; mein Vater also gab mir den Teller zurück, und der ging an meinem Bruder Rocky vorbei, Rockwell Junior, der so etwas wie der Autokrat am Tisch war. Er nahm dann ein Stück Fleisch von meinem Teller und steckte es in seinen Mund. Und ich sagte: »Was soll das denn?« Und er antwortete: »Wegegeld.«

Rocky hatte auch ein Spiel, das hieß »Groschen«. Er trug Zeitungen aus, und jedesmal, wenn er einen Beutel voll mit Groschen hatte, lief er rum und schrie »Groschen!«, und wenn man ihn dann berührte, bekam man einen Groschen. Aber bevor man ihn berühren konnte, sagte er: »Vorbei!«. Er verkündete auch oft »verbotene Namen«. Die Namen, die ihm nicht gefielen, waren dann zufällig immer die Namen meiner Freunde, und wenn ich sie aussprach, wurde ich geschlagen. Nichts Besonderes. Ich meine, da war nichts Besonderes an den Namen, aber eigentlich sehe ich mich heute noch erst mal um, bevor ich sie in den Mund nehme.

»Lucille Bisbano…« (Paff!)

»Steve Sea...« (Päng! Päng!)
»Heather Henry...« (Klatsch! Klatsch!)
Dann wurde mein kleiner Bruder Channing geboren. Als er geboren wurde, erfuhr ich, was Eifersucht ist, weil Rocky sich in Chan verliebte. Und an einem warmen Sommertag führte ich Chan, als er vier Jahre alt war, mitten auf die Rumstick Road, stellte ihn auf die weiße Linie und sagte ihm, daß er dort bleiben sollte. Meine Mutter stürzte raus, um ihn noch rechtzeitig vor den rasenden Autos zu retten.
Ich sage nun nicht, daß Chan John Malkovich ist oder daß David Puttnam mein Vater ist, aber wir saßen da, und es hatte etwas von dieser Familienordnung. Und ich hatte die Hoffnung, daß David Puttnam das Essen bezahlte. (Machte er nicht.) Es war mein letztes Abendmahl, und ich wollte, daß er das wußte. Ich wollte, daß er mich so sehr liebt, daß er in der Lage war, meine Gedanken zu lesen. Außerdem hatte er Craig T. Nelsons letztes Essen bezahlt. Zu Craig T.s Abschied gab es eine große Party – aber Craig war ein professioneller Schauspieler und reiste sofort nach seiner letzten Szene ab. Auch wenn Craig keinen anderen Job danach hatte, er tat zumindest so, und ich kam mir langsam vor wie ein entfernter Verwandter.

Der Grund, warum ich weiß, daß John Malkovich ein guter Geschichtenerzähler ist, war, daß wir alle dreckige Witze erzählen mußten. Der Film war ein »Männer«-Film, es ging um eine Männerfreundschaft. Ich war noch nie in meinem Leben in solch einer Situation. Ich war nie in einer Bruderschaft. Ich war nie in so einer Männerfreundschaftssituation. Und mittags kamen wir immer zum Essen zusammen oder um sechs zum Cocktail, und wir saßen einfach herum, schlossen Freundschaft und erzählten uns, was tagsüber passiert war.

Und bei einem ganz besonderen Mittagessen fragte uns ein kambodschanischer Flüchtling, der seinen Freunden in Long Beach ein paar dreckige Witze mitbringen wollte, ob man ihm nicht ein paar für seine Sammlung erzählen könnte. Er fragte uns, ob wir nicht einer nach dem anderen in der Runde drekkige Witze erzählen könnten. Ich kannte keine dreckigen Witze – mir fielen keine ein –, aber ich wollte dazugehören, und als ich an der Reihe war, sagte ich: »In Ordnung. Da war ein Pärchen ...« (Mir fiel einer ein) »... ein ganz typisches Pärchen, nennen wir sie Dick und Jane. Das war in den fünfziger Jahren. Es war ihr erstes Rendezvous, und beide waren sehr aufgeregt. Dick hatte sich Sorgen gemacht wegen seines Auftritts da in Janes Wohnzimmer, und es gab noch einen Hund, Spot. Janes Hund, Spot, ein Collie, der auf dem Boden schlief. Dick hatte also alles getan, um sich gut vorzubereiten: 5-Tage-Trocken-Deodorant-Kissen, Aqua Velva, Listerine. Bei Jane das gleiche, sie hatte sich mit Lysol abgeschrubbt und nett angezogen. Sie waren gerade im Wohnzimmer, Petting und so, nur, Dick war sehr nervös und hatte seine Diät abgebrochen. Kurz bevor er rübergekommen war, hatte er eine große Schüssel Bohnen mit Rotkohl gegessen. Und als Nachtisch hatte es noch zwei grüne Birnen und ein paar Feigen und Rosinen gegeben. Deswegen entwichen ihm immer wieder diese stillen, aber um so tödlicheren, dampfendheiße Fürze. Man konnte sie nicht hören, aber wenn sie im Raum waren, wußte man Bescheid. Als er sich gerade zu Jane beugte, um sie auf die Wange zu küssen, ließ er wieder einen fahren und sagte: ›Oh, Spot! Guter Gott! Jane, wo hast du den Hund her? Hast du gesagt, es ist ein reinrassiger Hund?‹ Und dann ließ Dick wieder einen fahren und sagte: ›Oh, Spot! Oh! Noch so einer, und wir bringen dich in den Stall, wo du mit deinem eigenen Gas vergast wirst.‹ Dann, als Dick noch ein letzter heißer Furz entwich, sprang Jane auf und schrie: ›Los, Spot, machen wir, daß wir hier rauskommen, bevor er uns beide zuscheißt.‹«

Das war alles was mir einfiel. Ach nein, warte. Noch einer. »Ein Vertreter sucht verzweifelt ein Zimmer und hält an einem Hotel irgendwo im Süden – der Besitzer erklärt ihm, daß keine Zimmer mehr frei sind. ›Ganz oben gibt es noch eins, aber das können Sie nicht haben.‹

›Warum?‹

›Nun, die Decken sind eingerissen, es gibt Fliegen. Sie würden nicht schlafen können. Alle Arten von Fliegen. Flaschenfliegen, grüne Fliegen, Wildfliegen, schwarze Fliegen und Hausfliegen; ich sage Ihnen, Sie würden nicht schlafen. Sogar Pferdefliegen.‹

›Ich nehme es.‹

Und am nächsten Morgen kommt er völlig ausgeruht runter, und der Manager sagt: ›Sie sehen so aus, als ob Sie geschlafen hätten. Wie haben Sie das gemacht?‹

›Nur ein bißchen ›bündeln‹. Ich mußte die Fliegen bündeln.‹

›Wie meinen Sie das, die Fliegen ›bündeln‹?‹

›Nun, ich habe einfach in eine Ecke geschissen und bin ins Bett gegangen!‹«

Dann war also John Malkovich an der Reihe. Und der Kambodschaner lachte übrigens bei jedem Wort. Ich weiß nicht, ob das mit der Übersetzung, der buddhistischen Toleranz, der polymorphen perversen Qualität kambodschanischer Kultur zu tun hat oder was auch immer. Aber die Kambodschaner, zumindest der hier, schienen überhaupt keine Idee von einer »Pointe« zu haben. Der ganze Witz schien lustig zu sein, und er lachte bei jedem Wort. Auf jeden Fall war John an der Reihe und sagte: »Ein Elefant ...«

»Hhha-ha-ha«, der Kambodschaner lachte schon.

»... und eine Maus. Und die Maus ist in den Elefanten verliebt. Und oben auf einem Baum sitzt ein Affe, der Kokosnüsse runterwirft und Affenbeschimpfungen runterbrüllt. Der Elefant ist ein Mädchen, und die Maus ein Typ, und die

Maus versucht, den Elefanten zu besteigen. Eine erotische Liebe. Und die Maus nimmt kleine Anläufe, fällt aber immer vom Rücken des Elefanten runter. Schließlich nimmt die Maus einen besonders langen Anlauf, schafft es hoch, und gerade als sie den Elefanten bestiegen hat, trifft der Affe den Elefanten mit einer Kokosnuß am Kopf. Der Elefant geht in die Knie, völlig bewußtlos. Und die Maus schreit: ›Yeah! Leide, du Hure!‹«

Ich wandte mich also an den Kambodschaner und fragte ihn:

»Welchen Witz magst du am meisten?«

»Malkovich! Malkovichs Witz!«

»In Ordnung, jetzt erzähl du ihn, weil ich hören will, ob du die Pointe verstanden hast.«

»Ein Elefant. Hahaha. Und eine Maus. Und die Maus ist in den Elefanten verliebt. Hehehehe. Und auf dem Baum sitzt ein Affe. Und der Affe schreit runter: ›HEY ELEFANT! DU BIST EIN GUTER LIEBHABER!‹«

Ich fühlte mich also etwas gereizt. Es war mein letzter Abend hier, und Mary, die Krankenschwester aus Saudi-Arabien über Dublin, nannte mich immer »Baldwin« – »Baldwin« dies, »Baldwin« das. Ich korrigierte sie ständig, und sie sagte: »Baldwin, das würdest du nicht glauben – du denkst, die Saudis sind dumm? Oh, mein Gott, Mann. Die Pakistanis sind noch schlimmer. Ich sage dir, ich war da als Krankenschwester, und ich mußte von einem Pakistani eine Urinprobe haben. Ich gab ihm ein kleines Fläschchen, er ging hinter einen Vorhang, ein Notfall kam rein, und ich vergaß ihn. Zwei Stunden später kam er raus und gab mir die Flasche mit zwei Zentimeter Sperma drin. Und er sagte: ›Das ist alles, was ich in zwei Stunden schaffen konnte.‹«

Zurück im Hotel schlief ich ein und träumte von einem Zierfisch, für den ich sorgen sollte, und daß ich ihn zusammen mit einem Wildfisch in den Ofen steckte und sie dann vergaß. Und dann fiel mir ein, oh, mein Gott, die Fische verbrennen. Und ich ging den Ofen öffnen, und die Fische guckten mich mit intelligenten, menschlichen Augen an. Und einer von ihnen verwandelte sich in John Malkovich, den es gar nicht zu interessieren schien, daß er gerettet worden war.

Der nächste Tag war mein letzter Tag, und ich fühlte mich, als ob ich an den Galgen müßte. Ich wollte mich wie ein Mann verabschieden, und wenn ich schon keiner sein konnte, wollte ich zumindestens so tun. Ich hatte genug richtige Männer hier beim Film gesehen und beobachtet, wie sie sich verhielten. Und ich ging zu jedem hin und tat so, als ob ich mich entschieden hätte.
»Auf Wiedersehen, Kollege.«
»Jawohl, nimm's leicht. Ich werde wieder mit dir arbeiten. Du machst dich jetzt auf die Suche nach Nutten.«
»Oh, yeah.«
»Hey, Dichter. Es hat Spaß gemacht, mit dir zu arbeiten.«
»Auf Wiedersehen.«
»Yeah.«
»Es ist ein schöner Film.«
»Yeah, ich glaube wirklich an ihn.«
»Richtig, tschüs!«
»Yeah.«
»Hey, Leute, viel besser als der kann es nicht werden.«
Und als ich zu Athol Fugard kam, wandte er sich an mich und sagte: »Also, Spalding. Du verläßt jetzt das Paradies?«
»Athol (oh!), Athol (Ich!), uh, Athol (uh!). Ich – ich dachte, vielleicht sollte ich (oh!), äh, hm, warte, Athol, glaubst du wirklich, ich, äh, ...«
»Geh zu Renée zurück. Sie ist eine wunderbare Frau. Geh zurück, Spalding! Behalte das, was du hier gelernt hast, und geh zurück. Es ist überall das gleiche, weißt du.«
Ich wollte ihm glauben.

Und Tom und ich stiegen ins Flugzeug nach Bangkok. Tom ging, sofort als wir ankamen, direkt zur vietnamesischen Botschaft, und ich ging direkt zu John Malkovichs Schneider in der Silom Road und sagte: »Erinnern Sie sich noch an den Anzug, den Sie hier für John Malkovich gemacht haben? Der, der zugleich schlampig und irgendwie ordentlich wirkte. Der, der so aussah wie eine Mischung aus Anzug und Fallschirm?«
»Oh, ja. Er hat ihn selbst entworfen.«
»Machen Sie mir genauso einen.«
»Mr. Gray kann sich doch bestimmt zwei bei solch einem Preis leisten.«
»In Ordnung, zwei – einen braunen und einen grauen – und drei von den Hemden, den Malkovich-Hemden. Die, die er von diesem Pariser Design abgeguckt hatte.«
Ich ging zurück ins Hotel, wo Tom mir erzählte, daß wir möglicherweise drei oder vier Tage warten müssen, bevor wir nach Vietnam reinkönnen.
Ich sagte: »Und, was hälst du davon?«
»Nichts. Ich muß zurück zu Sis.«
Toms Freundin hieß Sis, und sie hatten mit ein paar anderen Leuten ein Haus in Bridgehampton, Long Island, für den Sommer gemietet. Ich erkannte, daß ich auf seinem Liebe/Libido-Teppich flog. Das war nicht mehr sein Magischer-Wille-Teppich. Und ich sagte: »Tom, könntest du denn nicht heute abend mit mir nach Pat Pong gehen und zumindest den sexuellen Teil erledigen? Weißt du, wir werden ein paar Thai-Mädchen aufreißen und ein bißchen Druck aus dem Dampfkessel ablassen?«
»Nein. Ich muß zurück. Ich war während des Krieges bei diesen Nutten und habe mir zweimal einen Tripper geholt. Kein Interesse.«
»Gut, würdest du mich denn begleiten, um mich von Joy zu verabschieden?« Joy war meine Pat-Pong-Freundin.

Ins Captain's Table zu gehen, wo Joy arbeitete, erschien mir wie eine sehr merkwürdige Art der Heimkehr. Ihr Gesicht leuchtete auf, als sie mich sah, und sie schien wirklich glücklich zu sein. Wir taten das, was wir die letzten drei oder vier Male immer gemacht hatten, als ich sie besucht hatte. Wir saßen in einer Ecke der Bar, ich legte meinen Arm um sie, und wir beobachteten die tanzenden Mädchen, bis die Bar geschlossen wurde. Es gab nichts zu sagen. Sie sprach kein Englisch, und ich sprach kein Thai. Sie saß da, fast nackt in ihrem zweiteiligen Badeanzug. Ich hatte keine Ahnung, wie alt sie war. Vielleicht neunzehn.

Sie hatte einen absolut perfekten Körper. Er war sehr klein und kindlich, aber gleichzeitig reif und voll entwickelt wie der einer reifen Frau. Sie war eine großartige, dunkle Miniatur, und am meisten liebte ich die Struktur ihrer Haut. Es war eine Freude, Joy zu berühren, und mir reichten dieser Schwebezustand und diese fast unschuldigen Berührungen, obwohl ich wußte, daß ich jederzeit für etwas mehr Geld mit ihr nach Hause gehen konnte.

Sie gab ihr Bestes, um ihr Lächeln zu bewahren, wann immer ich sie auch anschaute, aber es gab Momente, wo sie einen geheimnisvollen Gesichtsausdruck hatte, und dann konnte ich eine andere Seite von Joy erkennen. Ich konnte sie dann in einem leicht verbrauchten und nachdenklichen, melancholischen Zustand erwischen, und ich erkannte, wieviel sich eben immer hinter der Kulisse abspielt und wie wenig ich davon wußte und auch wissen wollte. Und am stärksten wurde mir bewußt, daß ich ohne die Sprache nie dahinterkommen könnte. Genau dann wurde mir bewußt, daß ich nicht anders war als alle anderen, ein einsamer Mann in Thailand, der hier nicht hingehört, und wie alle anderen nicht ohne eine simple Berührung von Frauen leben konnte. Zuerst hatte ich sie um mich herum auf den Straßen gesehen, und mir reichte es, nur durch meine Augen zu leben. Es reichte mir, auf ihr Fleisch zu starren. Aber nach einer Weile brauchte ich die Berührungen, genauso wie ich auch zuerst meine Schuhe ausziehen muß, um meine Zehen in den Karon Beach zu stecken. Wenn man diesen Strom von Fleisch auf sich in den Straßen zukommen sieht, ist es schwer, es nicht auch berühren zu wollen. Es ist sehr schwer, Fleisch nicht nur als Fleisch zu sehen. Man wird davon wie ein neugieriges Kind in den Bann gezogen. Am Anfang schien sich Joy darüber zu freuen, mich zu sehen, und wir ließen uns von diesem Neuen treiben. Die Weichheit ihrer Haut war so etwas wie der Himmel auf Erden, und ich wollte, daß es so bleibt, ich wollte nicht darüber nachdenken. Aber wenn ich lang genug mit Joy zusammensaß, konnte ich die ganze Freude entweichen sehen, und statt dessen kroch eine melancholische Verzweiflung auf ihr Gesicht. Und wenn dann um Viertel vor eins die Bühnenlichter ausgingen, stoben alle auseinander wie Kakerlaken unter Neonlicht. Und dic blauen Flecken auf den Beinen der Mädchen erschienen mir wie verdorbene Früchte.

Als wir im Hotel ankamen, erkannte ich, daß irgend etwas nicht stimmte – weil, miteinander zu schlafen hat zwei grundsätzliche Intentionen, eine angenehme Befreiung durch Sex und eine erkennbare Veränderung im »anderen«. Bei diesem speziellen »anderen« konnte ich diese Veränderung nie wirklich erkennen. Und warum sollte ich eine Veränderung erwarten? Immerhin bezahlte ich sie. Und es erschien mir, das alles, was sie sagte oder tat, nur Schauspielerei war. Außerdem glaube ich, daß das Ganze viel mit der Sprache zu tun hat. Achtzig Prozent der körperlichen Liebe macht bei mir die Sprache beim Ereignis und um das Ereignis herum aus. Aber sie konnte nur sehr wenig Englisch. Alles, was sie sagen konnte oder wollte, immer und immer wieder, war: »Joy mag dich.«

Ich dachte mir, daß sie das zu allen sagte, aber es klang überzeugend. Ich wollte ihr wirklich glauben.

Morgens versuchte ich sie immer aus einer großen Schüssel frischer Früchte, die vom Hotel gestellt wurde, zu füttern. Ich sagte dann immer: »Joy will Banane?« Und sie lachte immer und schüttelte ihren Kopf, »nein« und verschwand unter dem Kopfkissen. Sie paßte unter das Kopfkissen. Diesmal sagte ich: »Nein, nein, nein, Joy. Es ist Zeit zu gehen, Joy. Ich gehe zurück nach New York.« Und als ich sie zum Taxi brachte, sah sie aus wie Minnie Mouse in Stöckelschuhen. Und anstatt ins Taxi einzusteigen, schubste sie mich rein und lief zurück zum Hotel. Und die automatischen Glastüren öffneten und schlossen sich, und sie stand da und winkte mir zum Abschied, als ob sie im Hotel wohnen und ich im Taxi nach Hause fahren würde. Alles, was ich sagen konnte, war: »Nein, nein, Joy.«

Tom und ich schluckten ein paar Tranquilizer. In Thailand kann man Valium direkt wie Süßigkeiten über die Ladentheke kaufen. Wir schluckten etwas Valium und riefen unseren Fahrer für eine letzte Fahrt zum Flughafen. Und im Flugzeug wurde ich zum letzten Mal verwöhnt. Wir flogen in der Business Class, ganz oben in diesen großen Sitzen am Ende der Wendeltreppe. Weit hoch über dem Krach der Maschinen. Das war wie in einem großen, ruhigen, magischen Motel zu fliegen, ein fliegendes Holiday Inn. Wir zogen unsere Schlafmasken runter, und ich kann mich nur noch an Karatschi bei Nacht, einer Drei-Dollar-Tasse Kaffee auf dem Frankfurter Flughafen und dem Versuch, eine Flasche russischen Wodka in Heathrow zu kaufen, erinnern. (Die Dame versuchte mir Smirnoff's zu verkaufen, und ich sagte: »Hören Sie zu, meine Dame, der wird in New Jersey gemacht.« Sie antwortete: »Nein, es ist ein russischer. Das ist richtiger russischer Wodka.«)

»Endlich, Amerika! New York!« Und dann: »Oh, mein Gott, ist das häßlich!« Darauf war ich nicht vorbereitet. New York war schon schlimm genug, aber Krummville war dann noch schlimmer. Und ich hatte die Vorstellung gehabt, daß ich nach meiner Ankunft in jeder Beziehung aufholen würde, daß ich ein veränderter Mann wäre. Ich würde eine kambodschanische Familie adoptieren, auf meine Zähne achten, meine Steuern zahlen, mein Loft aufräumen – versuchen, es absolut perfekt aufzuräumen, die Fenster zu putzen, alle alten Pullover, die ich nie trage, herauszusortieren und sie den kambodschanischen Flüchtlingen in Far Rockaway zu bringen. Ich hatte gehört, daß die Kambodschaner jeden Tag von Far Rockaway bis nach Chinatown marschieren, um dort Reis zu kaufen, weil sie nicht mit dem U-Bahn-System zurechtkamen und deswegen lieber zu Fuß gingen. Ich betrachtete mich selbst als ihren neuen Bruder, der an ihrer Seite wandert und singt. Sie alle würden die ganzen alten, nach Mottenkugeln stinkenden V-Ausschnitt-Pullover tragen, die Oma Gray vor so vielen Jahren für mich gemacht hatte, und die nun ganz unten in der Kiste lagen. Endlich würde ich etwas für sie tun. Endlich wäre ich von Nutzen. Aber statt dessen landete ich in Krummville bei Renée, und es war schrecklich. Schrecklich, weil ich da nicht sein wollte und die Bäume für Palmen hielt. Nachts träumte ich davon, Magic Mushrooms zu nehmen, mit Ivan auf einer ganz bezaubernden Insel im Indischen Ozean zu tauchen. Ich behandelte Renée wie eine Thai-Nutte, ich weigerte mich, einkaufen zu gehen, ich wollte nicht kochen, und ich war ein bäh-bäh-bähender Zweijähriger. Immer nur bäh-bäh-bäh. Und Renée sagte: »Spald, beruhige dich. Reiß dich zusammen. Laß dich nicht hängen. Erinnere dich doch daran, daß du zurückgekommen bist, um einen Hollywood-Agenten zu finden, daß du zurückgekommen bist, um ein paar Verbindungen zu knüpfen und in einen neuen Spielfilm reinzukommen. Also, hier in Krummville knüpfen wir überhaupt keine Kontakte, und deswegen sollten wir nach Bridgehampton fahren und Sis und Tom besuchen. Sie waren so nett und haben uns eingeladen. Du könntest in deinem Ozean schwimmen und nebenbei ein paar Kontakte knüpfen. Also, wirklich. Ich fühle mich hier langsam wie der letzte Dreck.«

Also fuhren wir nach Bridgehampton. Ich war noch nie im Sommer in den Hamptons gewesen, aber es gab keine Überraschungen. Ich erkannte alles aus der Michelob-Fernsehwerbung wieder. Zum Beispiel das große, schöne, weiße Haus auf einem 10 Hektar großen Rasen-Grundstück. Es war eins dieser schönen Jahrhundertwende-Häuser, das früher Familien beherbergte, damals in den Zeiten, als es noch Familien gab, und jetzt lebten hier schöne Pärchen, die alle kurz vor der Trennung standen, oder einsame Singles, die sich gerade getrennt hatten und sich noch nicht fähig fühlten, wieder eine feste Bindung einzugehen. Alle spielten Volleyball auf dem Rasen vor dem Haus und zogen sich zwischen den Spielen einen rein, und ich konnte einfach nicht glauben, daß sich der Ball nicht in eine Möwe verwandelte, die dann im Horizont verschwand.

Neben dem Volleyballnetz stand dann die übliche rote Kühltasche mit Michelob, Löwenbräu, Diät Pepsi, Tab und 7-up. Und ich war für den Blaufisch zuständig – ich war mir sicher, daß ich über Blaufisch Bescheid wußte: wo man ihn kauft, wie man ihn kocht. Aber mit dem Typ, der für die Kohlen zuständig war, war ich nicht auf einer Wellenlänge. Er hatte die Holzkohle zu lange brennen lassen, so daß ich immer mehr Napalm auf die Kohlen sprühte, um noch eine Flamme zu bekommen, und gleichzeitig machte ich den Fehler, an einem sehr starken Joint zu ziehen, und plötzlich wurde alles urgeschichtlich. Das nächste, woran ich mich erinnere, ist, daß eine Gruppe von uns an einem förmlich gedeckten Tisch mit einem großen weißen Leinentischtuch und Kerzenständer in der Mitte sitzt, und irgend jemand sagt: »Würdest du mir bitte das Blaufisch-Sushi geben?«

Ich hatte aber keinen Hunger. Ich schaute runter auf meine Hand, die in der Mitte eines weißen Tellers lag, sich schälte und die dabei aussah wie ein Stück Hühnchen, von dem man die braungebrannte Haut abschält – im Zeitraffer wie in Walt Disneys *Painted Desert*. Und ich sagte: »Nein, danke. Ich habe hier alles, was ich essen kann.«

Und – Aarhuuuuuuuuuuh!! – ich sank auf meine Hand, und das nächste, woran ich mich erinnerte, war, daß mein Kopf in Renées Schoß lag und ich sagte: »Ahhhhh, mein Gott! Etwas Schreckliches ist passiert! Ich gehöre nach *Thailand*! Nichts wird wieder mehr richtig laufen in meinem Leben! Ich bin ruiniert!«

Ich flüchtete vom Tisch, mit einer Hand an meiner Stirn, als ob ich vom dostojewskischen Kopffieber befallen wäre – wie Konstantin Gawrilowich in *Die Möwe*. Ich lief hinaus auf die Veranda und schmiß mich in eine Hängematte, während ich im Hintergrund die Leute am Tisch über das »Blaufisch-Sushi mit Benzingeschmack« reden hörte.

Renée stürzte raus, um mich zu trösten, und ich sagte: »Renée, Renée, es war ein Auftrag, ein Auftrag! Ich hatte einen Auftrag. Ich darf noch nicht wieder hier sein. Es ging nicht nur darum, einen Film zu machen. Am Strand sollte mir etwas offenbart werden. Ich sollte in Hanoi sein, ich sollte in Thailand sein. Es war ein Auftrag. Gott wollte mit mir durch diese Magic Mushrooms sprechen. Ich war im Begriff, meine Ängste zu überwinden, im Begriff, Freundschaft mit Vietnam zu schließen. Es war ein Auftrag.«

Und auf der Hängematte schaute ich nach oben und sah Tom Bird, diesen riesigen Vietnam-Veteranen, der über mir stand

und in einer tiefen, strengen Stimme sagte: »SPALDING! KOMM ZUR VERNUNFT!«
Und ich flog zurück in die Hängematte, aus meinem Gesicht wurde das Gesicht eines neunzigjährigen Mannes mit trockenem, verzerrten Mund und ohne Zähne, und es fühlte sich so an, als ob mein Gesicht abfällt und schreit: »Tom, Tom, woran bist du schuld? Warum konntest du nicht zum Paradise Beach gehen und die Pilze essen? Ich weiß, daß du schuldig bist, weil du Menschen umgebracht hast. Du hast die Vietnamesen getötet. Aber warum bin ich schuldig? Warum? Warum?«
Und Tom brüllte wieder: »SPALDING! KOMM ZUR VERNUNFT! Glaubst du etwa, *ich* will hier sein?«
Und plötzlich wurde mir bewußt, daß auch dieser starke, ruhige Mann litt. Er konnte aber einfach seinen Mund halten.

Okay, reiß dich zusammen, Spalding, reiß dich zusammen. Am Tag danach traf ich, etwas zittrig und verkatert, ein Pärchen, daß gerade aus den Gewässern um Block Island zurückgesegelt war. Ich dachte, mein Gott, das ist mein Territorium. Die segelten in meinen Gewässern. Ich bin in Rhode Island mit einem Silberlöffel geboren worden. Unter dem Namen Spalding Gray. Warum hatte ich kein großes Boot? Warum lebe ich mit zweiundvierzig Jahren in Krummville, wo *Esquire* doch sagt, daß ich in einem solchen Alter Geld machen sollte?
Und ich kam zu der schockierenden Erkenntnis, daß es jetzt zu spät war, um Bankier, Arzt, Rechtsanwalt oder Psychiater zu werden. Es war zu spät. Aber ich könnte nach Hollywood gehen und einen *spielen* und doppelt soviel verdienen.
Deswegen dachte ich: »Zeit, sich zusammenzureißen. Zeit Entscheidungen zu fällen«, und um meine Entscheidungs-Muskeln zu stärken, ging ich zu Barnes and Nobles und kaufte eine Hypnose-Kassette, »How to Make Decisions – Success Series Unlimited«.
Jede Nacht hörten Renée und ich das über Kopfhörer, die

Stimme setzte uns unter Hypnose. Und am Morgen mußten wir dann ein großes Glas Wasser trinken, um die unbewußten Vorschläge ins Unterbewußtsein zu spülen. Es schien zu funktionieren. Ich fühlte mich tatsächlich entscheidungsfreudiger.

Ungefähr zu dieser Zeit wurde ich im Rahmen der Brooklyn Bridge Jahrhundertfeier gefragt, eine Performance, bei der ich unter der Brücke Leute interviewen sollte, zu machen. Ich sollte versuchen, sie dazu zu bringen, persönliche Geschichten über die Brücke unter der Brücke zu erzählen.

Nun, das war nicht gerade ein großer Karrieresprung, aber zumindest ein vernünftiger, einfacher Weg, wieder im Showgeschäft Fuß zu fassen. Und wegen dieser Interviews und meiner Rolle in *The Killing Fields* wurde ich vom Radiosender WMCA Talk eingeladen, um von Hope Newly für eine Sendung namens »Nur für Singles« interviewt zu werden.

Hope rief mich an und erzählte, daß sie mich noch aus dem College kennen und mich gerne wiedersehen würde. Ich konnte sie nicht ganz einordnen, aber ich freute mich auf das Interview. Langsam begann ich zu glauben, daß ich wieder in die Gänge kommen würde.

Das erste, was ich in der Hope-Newly-Sendung mitbekam, war ein Interview, das Hope mit einer Frau über ihre Bewußtseinssteigerungsgruppe für ältere Frauen, die in jüngere Männer verliebt waren, führte. Die nächste Person war eine Frau, die ein Mittel gegen Haarausfall vorstellte – und ich spitzte meine Ohren. Sie erzählte, daß Haarausfall nicht vererbt würde, aber der Hang zu Öl in den Poren. Und für 2000 Dollar (bei Versagen zurück) kann man ein spezielles Shampoo erstehen, das dieses Öl beseitigt, denn unter diesem Öl befinden sich die voll ausgewachsenen Haare, zusammengerollt wie Schweineschwänze oder Schamhaare. Dort stecken sie alle und warten nur darauf, daß sie raus können. Und sobald man das Öl herauswäscht, kommen sie alle raus wie Korkenzieher. Man sieht sie bei Männern, die eine Glatze bekommen, wo sie wellenartig über die kahle Stelle – was so aussieht wie *Shredded Wheat* – gekämmt sind. Das sind die neuen Haare.

Dann war ich an der Reihe. Hope sagte: »Hallo, ihr da draußen. Hier ist Hope Newly, ›Nur für Singles‹. Und ich möchte, daß ihr euch alle selbst umarmt und sagt: ›Hallo ich. Ich bin froh, ein Single zu sein.‹ In Ordnung? Und ich möchte euch Spalding Gray, bekannt von Bühne, Film und Fernsehen, vorstellen.«

Ich weiß nicht, wo sie das her hatte, aber sie sagte: »Spalding, ich werde den Tag nie vergessen, an dem wir uns in Boston kennengelernt haben.«

»Hhmmmm...«

Und genau das ist der Grund, warum ich in den Hamptons kein Haus habe, davon bin ich jetzt überzeugt. Ich kann einfach dieses Spiel nicht mitspielen und nur so tun als ob. Ich sagte: »Ich glaube, du mußt mein Gedächtnis etwas auffrischen, Hope. Ich kann mich nicht erinnern. Ich schwöre, ich habe dich noch nie in meinem Leben gesehen.«

Nun, sie überging das einfach, und wir begannen über den Film zu reden, und aus ihrer Reaktion konnte ich schließen, daß für sie ein Gespräch über *The Killing Fields* genau das gleiche ist wie ein Gespräch über Krebs, ohne daß es ein Mittel dagegen gibt. Und ich vermutete, daß ihre Zuhörerschaft genauso dachte, deswegen wechselten wir das Thema. Sie sagte: »Nun, warum erzählst du unseren Zuhörern nicht etwas über den Unterschied zwischen einer Rolle beim Film und beim Fernsehen. Nein, besser noch, warum erzählst du nicht, in welchem Film neben *The Killing Fields* du noch mitgewirkt hast, in dem man dich gesehen haben könnte. Laß uns damit beginnen.«

Ich machte eine kurze Pause und dachte, aha, so geht das, Zeit für etwas Erfindung. Zeit, sich in Szene zu setzen. »Gut, ich weiß nicht, ob man meinen letzten gesehen hat, *Leftover Life to Kill*. Die Geschichte handelt vom Ableben Dylan Thomas' und den Versuchen seiner Frau, nach seinem Tod weiterzumachen. Ich spiele einen unbedeutenderen amerikanischen Dichter, der sie in ihrem walisischen Bootshaus besuchen kommt, um sie zu trösten. Deine Zuhörer werden ihn vermutlich nicht gesehen haben – es ist ein Kultfilm, der in walisischen Kinos als Mitternachtsvorführung gezeigt wird. Und dann gibt es noch einen, eh, *Time of the Assassins*. Der wurde in Südfrankreich gedreht, und es ist ein Film über Rimbaud – was für ein faszinierender Typ, was für ein Nichtsnutz! Wußtest du, daß er mit neunzehn mit dem Dichten aufhörte, um Waffenschmuggler zu werden? Ich spiele einen unbedeutenderen amerikanischen Dichter, der ihn an seinem Totenbett aufsucht. Merkwürdiger Mann. Er hatte sein ganzes Geld in seinem Bruchband versteckt. Der Film ist bis jetzt noch nicht raus, soll aber in diesem Herbst gezeigt werden.«

»Gut, wir freuen uns darauf. Ja.«

Dann wagte ich mich noch ein bißchen weiter raus und sagte: »Oh, und ich habe die romantische Hauptrolle in einem Skifilm gespielt. Ich spielte einen Skilehrer in *Canadian Sunset*.«

»Wirklich?« frage Hope. »Wie wunderbar. Wo wurde er gedreht?«

Plötzlich fiel mir keine Stadt in Kanada ein ... und dann kam mir Toronto in den Sinn, und ich sagte einfach: »Toronto.«

Und Hope ließ mich einfach abstürzen, indem sie sagte: »Toronto? Ich wußte gar nicht, daß man da oben Ski fahren kann. Ich dachte, da wäre nur flaches Land.«

»O ja, das ist sehr flach da. Wirklich. Und deswegen wurde für den Film ein Berg gebaut. Faszinierend, so etwas zu beobachten. Diesen Berg aufzubauen, das war für sich selbst ein eigener Film, und daraus wurde ein eigener Dokumentarfilm über den Bau dieses Berges, er heißt *Too Steep to Fall.* Und das ist im Grunde der Unterschied zwischen einer Rolle beim Film und beim Fernsehen. Beim Fernsehen fährt man in die Berge, und im Film bringen sie die Berge dahin, wo sie gebraucht werden.«

Nun war alles in Ordnung. Ich war im Begriff, mich in Szene zu setzen. Ich habe Leute gesehen, die sich an einem Nachmittag in Szene setzten und sofort heilige Männer wurden, indem sie sich ganz einfach in Szene setzten. Ich habe es gesehen, wie das Richard Schechner im *Central Park* gemacht hat. Es war an einem wunderschönen Maitag, damals als die Hare Krishnas noch singend aus der *Bowery* hoch bis zum *Central Park* zogen und oben beim Park dann so high waren, daß sie fünfzehn Zentimeter über dem Asphalt zu schweben schienen. Alle strömten dann die Treppen bei der *Bethesda Fountain* runter, und eine Menge von 200 Zuschauern scharte sich um sie. Dann, an einem schönen Maisonntag, brachte dieses Schauspiel Richards Wettbewerbssinn zum Vorschein, er zog alles bis auf seine Jockey-Unterwäsche aus und bat mich, sein Zeug für ihn so lange zu halten, während er einen indianischen Gebetsteppich hervorholte, ihn beim Brunnen ausbreitete und sich auf den Kopf stellte. Dieses unverschämt neue Schauspiel zog natürlich sofort die Zuschauer von den Hare Krishnas ab und zu ihm hin. Ich wurde etwas panisch. Es hatte große Ähnlichkeit mit einer Situation in *Suddenly-Last-Summer.* Alles was ich sehen konnte, waren Richards Fußsohlen, die aus der Menge herausragten; außerdem sah ich, wie ein paar Leute kleine Stücke italienisches Eis in die Löcher seiner Unterwäsche fallen ließen.
Zwanzig Minuten später kam Richard wieder auf die Beine, lief zu mir rüber und sagte: »Schnell, gib mir meine Kleider. Laß uns hier weggehen.« Und als er sich anzog, sah ich, daß er ungefähr fünfundzwanzig Neubekehrte hatte, die bereit

waren, ihm überallhin zu folgen. Einige von ihnen fragten: »Wann wirst du wiederkommen?« Als Richard über seine Schulter antwortete: »Ich werde wiederkommen«, fragten andere: »Wohin gehst du?« Und Richard antwortete: »Ich gehe in Richtung Osten.«

Ohne jeden Zweifel wären sie ihm unverzüglich in den East River gefolgt.

Nun, bis zu einem gewissen Grad hatte sich auch Sri Rama Krishna in Szene gesetzt. Er war ein Schauspieler von besonderer Klasse. Er war der letzte große indische Heilige, der keine neunundzwanzig Rolls Royce hatte – der letzte, große, arme indische Guru.

Sri Rama Krishna durchlebte eine Reihe von dynamischen Persönlichkeitsumbildungen, durch die er zu demjenigen wurde, den er gerade verehrte. Obwohl er ein Hindu war, war er auf keinen Fall an eine Religion gebunden. Er vereinnahmte sie alle. Wenn er Christus verehrte, wurde er Christus, wenn er Buddha verehrte, wurde er zu Buddha. Er vollzog sogar seine tantrischen Praktiken mit einer Frau, und als er Mutter Kali verehrte, *wurde* er zu einer Frau, und die Menschen im Kali-Tempel hielten ihn sogar für eine Frau. Er hatte keinen Ich-Sinn. Er war ein Schauspieler, er war ein Medium, ein Mann ohne Identität. Und weil er in Indien lebte, mußte er nicht zu einem Psychiater gehen. Er wurde als heiliger Mann betrachtet und nicht als Psychopath. Schließlich lief ein nackter Sadhu aus dem Dschungel, rammte einen scharfen Stein zwischen die Augen Sri Ramas, und er sah das Nichts. Und wer sind jetzt die heiligen Menschen im Westen? Schauspieler und Schauspielerinnen. Sie sind die einzigen Menschen, die sagen können, daß sie nicht wissen, wer sie sind, und nicht gleich in eine Irrenanstalt gesteckt werden. Peter Sellers, der Schauspieler, war Sri Rama Krishna nicht unähnlich, in der Weise, daß er sich selbst in Szene setzte und so tat, als sei er ein Medium, durch den er viele Stimmen fließen lassen konnte. Sellers bestand darauf, daß er nie gewußt hatte, wer er war. Im Westen war das ein Problem, deswegen mußte er zu einem Psychiater, aber meiner Meinung nach, war er so etwas wie ein heiliger Mann. Und wo ist in unserer utilitaristischen, materialistischen Welt das Mekka des Westens für diese heiligen Menschen? Es liegt so weit westlich, daß man nicht weiterkommt, ohne in den Osten zu gehen. Hollywood. Und wo existiert deren Unsterblichkeit? Im Film. Ein Bildnis, festgehalten für alle Zeiten auf Zelluloid. Und wer ist Gott? Die Kamera. Das immer gegenwärtige, allwissende dritte Auge. Und was ist das heilige Abendmahl? Geld!

Ich sagte also: »Ich gehe!«, und ich zog mir meinen magischen John-Malkovich-Anzug an, den braunen; ich nahm meine Thai-*bhat* und tauschte sie in sechshundert Dollar um, besorgte mir ein TWA-Ticket und machte mich auf nach Hollywood, um mir einen Agenten zu suchen.

Nachdem das Flugzeug abgehoben hatte, ohne abzustürzen, öffnete ich eins dieser kleinen, verdammten Salatsoßentütchen und – »Oh, Scheiße: Oh, Gott, warum muß mir das immer passieren, wenn ich einen Anzug anhabe? In der U-Bahn werde ich von Kaugummi getroffen, und er bleibt kleben. Salatsoßen fressen sich durch meine neue Hose.«

Der Vertreter neben mir sagte: »Machen Sie sich keine Sorgen, bringen Sie ihn doch sofort nach der Ankunft zur Reinigung. Hoffe, daß er nicht verfärbt. Wo haben Sie ihn machen lassen?«

»Bangkok.«

»Oh. Da habe ich keine Ahnung. Aber man weiß ja nie, was die da zusammennähen.«

Sobald ich also in Venice gelandet war, brachte ich meinen Anzug zur Reinigung und ging sofort runter zum Boardwalk. Es war sehr aufregend, in einer großen Stadt zu sein, die direkt an einem großen Ozean lag. Ich konnte es nicht erwarten, den Ozean zu sehen und zu atmen. Ich konnte es nicht erwarten den Boardwalk, von dem ich schon soviel gehört hatte, zu sehen und auf ihm zu spazieren. Ich dachte mir, daß der Agent auch einen Tag warten könnte. Ich werde mir den Pazifischen Ozean ansehen.

Als ich am Boardwalk ankam, war ich etwas enttäuscht darüber, daß es keine Planken gab. Er entpuppte sich als Asphaltweg. Aber trotzdem, der Ozean war sehr aufregend, und während ich mit Schwung und tief durchatmend auf dem asphaltierten Boardwalk entlangging, fuhr von hinten ein unauffälliger Wagen heran, und zwei unauffällige Typen sprangen heraus. Chrombeschlagene 45er in beiden Händen, lehnten sich beide auf die offenen Autotüren und pusteten beinahe die beiden Stadtstreicher über den Haufen. Ich dachte, ich wäre in einem Film oder zumindest in *Hill Street Blues*, und ich versteckte mich hinter einer Pizza-Theke. Ich beobachtete die beiden unauffälligen Typen, wie sie die Läufe an die Stirn der beiden Stadtstreicher legten und sie dann in das unauffällige Auto schmissen. Ich dachte, mein Gott, das ist eine gefährliche Gegend. Ich gehe mir lieber meinen John-Malkovich-Anzug holen. Aber der Anzug war noch nicht fertig, und bald war es Zeit für die Cocktail-Stunde.

Ich entschloß mich, auf meinem geliehenen Zehngang-Rad Bier holen zu fahren. Ich fand einen kleinen Bierladen in einer Seitenstraße, ging rein und kaufte eine extragroße Dose Rainier Ale und konnte einfach nicht bis zu Hause abwarten – ich öffnete sie direkt vor dem Laden. Genau wie in New York hatte ich die Dose in einer braunen Papiertüte und trank sie in einem Schluck aus, als plötzlich ein Streifenwagen des Los Angeles Police Department mit Höchstgeschwindigkeit die kleine Seitenstraße hinauf raste und plötzlich abrupt wendete. Und wie dieses Auto wendete, das rief bei mir irgendwie den Gedanken hervor, daß sie vielleicht hinter mir her sein könnten. Und ich fragte mich, kann es sein, daß sie sich jetzt bei ihrem vollen Arbeitsplan die Zeit nehmen, um mich zu verhaften, weil ich eine extragroße Dose Rainier Ale getrunken habe?

Um nun nichts auf den Zufall ankommen zu lassen, stopfte ich die Dose in einen Pappkarton neben mir, der voll war mit leeren Bierdosen. Die Polizei fuhr auf mich zu und richtete den Scheinwerfer, der an der Seite des Autos befestigt war, auf den Karton; zwei stiegen aus, kamen rüber und zogen genau die Dose raus, aus der ich getrunken hatte. Irgendwie konnten sie die Dose aus all den Dosen rauspicken. Und sie drückten mich gegen eine Wand vom Bierladen, und ich mußte meine Hänge hochnehmen, während ich mit einem Knüppel durchsucht wurde.

»Wie ist Ihr Name? Wo ist Ihr Ausweis?«

»Ich habe meine Brieftasche nicht dabei. Ich habe sie in dem Haus, in dem ich wohne, liegengelassen – und mein Name ist Spalding Gray.«

»Ach ja? Wie werden Sie genannt?«

»Ich heiße Spalding Gray. Ich schwöre es.«

Und einer der Bullen sagte: »Okay, steigen Sie in das Auto ein«, während der andere mein Rad in den Kofferraum packte. Und als ich gerade in den Streifenwagen einstieg, wollte mich der Bulle, der sich um mein Rad gekümmert hatte, durchsuchen.

»Okay, ich weiß, daß mein Kollege Sie schon durchsucht hat, aber wir machen hier lieber Doppeldurchsuchungen, nur um sicherzugehen.«

Also wurde ich wieder durchsucht, und dann steckten sie mich hinten in den Streifenwagen und sagten: »Wie ist die Adresse des Hauses, wo Sie gerade wohnen?« Und für einen kurzen Augenblick fiel mir nichts ein. Dann fielen mir die sechs Tage ein, die ich 1977 in einem Gefängnis in Las Vegas gesessen hatte, weil ich mich geweigert hatte, meinen Namen zu nennen, nachdem mich ein Polizist danach gefragt hatte, und dann fiel sie mir ein: 9227 Boccaccio. Es flog mir einfach zu – und ich dachte mir, oh, mein Gott, ich werde langsam gut. Ich werde gesünder. Ich bin dabei, Karriere zu machen.

Sie fuhren mich hin. Es war eine kurze Reise, und als wir ankamen, blieb ein Bulle im Auto, um mich zu bewachen, während der andere ins Haus 9227 Boccaccio ging, um herauszufinden, ob jemand Spalding Gray kennt. Und glücklicherweise, jemand kannte mich an diesem Tag, und der Bulle kam direkt wieder raus und sagte: »Okay, nehmen Sie Ihr Fahrrad aus dem Kofferraum und schätzen Sie sich glücklich, daß man Sie umsonst nach Hause gefahren hat.«

Ich wäre lieber mit meinem Rad nach Hause gefahren, dachte ich, aber sagen tat ich es nicht. Was ich sagte, war: »Sehen Sie, ich will nicht undankbar oder gereizt wirken, aber ich bin gerade erst aus New York eingeflogen, und dort trinkt man immer aus den braunen Papiertüten, deswegen wußte ich das nicht.«

Der Bulle antwortete mit einer sehr strengen Stimme, einer Stimme, wie ich sie noch aus dem Internat kannte: »Ich glaube, wenn Sie Ihre New-York-City Gesetze durchsehen, werden Sie schon herausfinden, daß es gegen das Gesetz verstößt, auf der Straße zu trinken. Wir hier in Los Angeles wenden unsere Gesetze allerdings auch an.«

Direkt ins Bett! Am nächsten Tag wachte ich früh und mit guter Laune auf, ich fühlte mich wie ein neuer Mann und holte meinen Anzug aus der Reinigung und ließ mich von meinen Freunden zur Ugly Duckling Autovermietung fahren, die die billigste war, die ich ausfindig machen konnte. Ich mietete einen Ugly Duckling Toyota. Soweit ich sehen konnte, war das einzige Problem mit dem Auto, daß der Sitz kaputt war und im Winkel eines Liegestuhls eingestellt war, so daß ich kaum über das Lenkrad gucken konnte.

Bis dahin hatte ich alles bis auf zwei Agenturen heruntergekocht. Wenn beide interessiert gewesen wären, hätte ich mich zwischen beiden entscheiden müssen. Eine hieß Writers and Artists und die andere Smith Freedman Associates. Zuerst besuchte ich Writers and Artists, und sie waren sehr freundlich – ich glaube, daß sie mich unter Vertrag nehmen wollten. Das einzige Problem, wie ich das sah, war, daß sie mir nicht »anders« genug waren. Sie waren vielzusehr wie *Meine Leute*. Sie waren typisch weiß, anglosächsisch, protestantisch, und ich konnte mir gut vorstellen, wie sie alle Boots-Schuhe trugen und ihren Urlaub auf Martha's Vineyard verbrachten. Außerdem, ich war mir nicht so sicher, ob es eine so gute Idee wäre, sich in diesen Zeiten unter dem Namen »Writers and Artists« repräsentieren zu lassen, ich wollte doch genug Geld verdienen, um mir in den Hamptons ein Haus zu kaufen.
Deswegen entschied ich mich, zu Susan Smith bei der Smith Freedman Associates zu fahren, und falls sie mich unter Vertrag nehmen wollte, würde ich es machen. In dem Moment, als ich in ihr Büro kam, sagte sie: »Wir wollen dich. Wir wollen dich sofort unter Vertrag nehmen.«
Nun, darauf reagierte ich irgendwie nüchtern, weil alles so nett war und alles so schnell ablief. Ich antwortete auf meine sehr ernste und ziemlich wuchtige Ostküsten-Weise: »Nun, das ist schön, oder? Jetzt muß ich drüber nachdenken.«
Und Susan sagte: »Hätten Sie gelächelt, wenn wir gesagt hätten, daß wir Sie nicht wollen?« Und dann sagte sie: »Also los, wir haben für so was keine Zeit. Sie haben hier noch einen Tag Zeit, und wir wollen Sie zu allen Besetzungsagenten in der Stadt schicken, um mal kurz ›Hallo. Ich bin ein neues Gesicht hier in der Stadt und bin bei Smith Freedman‹ zu den Leuten zu sagen.«
Sie gaben mir eine Karte mit allen Studios, und ich machte mich auf den Weg zum ersten ganz oben auf der Liste, Warner

Brothers, um dort für *The Karate Kid* vorzusprechen. Ich mußte die Rolle des ganz harten Typen sprechen, so was wie ein Karate-Killer, der allen Kindern aus der Nachbarschaft seine aggressiven und bösartigen Methoden beibrachte. Nun, man kann sich vorstellen, wie das ausging.

Die nächste Anlaufstelle war *Hill Street Blues*, wo es etwas besser lief. Gerri Windsor, die Besetzungsdirektorin, war sehr nett, und sie versicherte, daß, wenn ich hier hinziehen würde, sie mir fast sicher Arbeit in der Serie garantieren könnte. Ich fragte sie, wieso sie das sagen könnte, wo sie mich noch nicht mal angehört hatte, und sie sagte: »Neue Gesichter. Wir suchen immer nach neuen Gesichtern, und du bist ein neues Gesicht. Mit einem guten Agenten. Deswegen glaube ich, daß wir kein Risiko eingehen, wenn ich sage, daß wir dir hier Arbeit besorgen könnten, wenn du hier hinziehen würdest – aber du mußt hier schon leben, weil wir es uns nicht leisten können, dich einfliegen zu lassen.«

Ich verließ also *Hill Street* und verfolgte weiter die Wege auf meiner Karte zu ABC, NBC und CBS. Alles lief gut, aber gegen Mittag verstand ich, warum alle Schauspieler Autos mit Klimaanlage hatten. Mein Ugly Duckling hatte keine Klimaanlage, und ich schwitzte langsam mein Hemd durch. Außerdem verwandelte die heiße, trockene Luft mein Haar in ein gekraustes Knäuel. Ich ging aus dem Leim. Und als ich dann bei Twentieth-Century-Fox ankam, sah ich aus wie ein Verrückter.

Ich parkte mein Ugly Duckling und achtete darauf, nicht in der Sichtweite des Besetzungsbüros zu parken, weil ich gehört hatte, daß sie rausgucken, um zu sehen, mit was man fährt – und das Ugly Duckling sah im Vergleich zu den anderen Autos auf dem Parkplatz nicht gut aus. Ich ging in das Büro und war glücklich und überrascht, daß mich die Empfangsdame von meinen Monologen her kannte. Und sie war erfreut mich zu sehen.

»Oh, Spalding Gray, warum suchen Sie denn hier Arbeit? Sie sollten doch die ganze Zeit Arbeit haben. Sie könnten doch einen Rechtsanwalt darstellen, Sie könnten doch einen Arzt darstellen, Sie könnten doch einen Psychiater darstellen...«
Ich ging in das Büro der Besetzungsdirektorin und stellte schnell fest, daß sie keine Idee hatte, wer ich war, außer ein »neues Gesicht« zu sein. Hier zu sein hatte etwas Ermutigendes und auch Entmutigendes. Der ermutigende Teil war das Büro als solches; eine phantastische weiße Couch, und die Art, wie die Couch mich auffing, als ich auf sie niedersank und ich langsam alle Gedanken daran, mich jemals wieder zu bewegen, aufgab. Außerdem dieser klare Blick aus dem Fenster auf die üppigen Palmen und Pinien, und das gepaart mit dem sicheren Gefühl, in einem ach so sauberen, geschlossenen Raum zu sein. Und noch mehr, wie die Decken und Wände in einem vollkommenen, stabilen, weißen rechten Winkel zusammenliefen. Aber der entmutigende Teil dieser Erfahrung kam, als sie mir erzählte, daß sie mich nur hereingerufen hätte, um mich zu sehen, um mich »mal anzusehen«, wie sie, glaube ich, meinte. Aber dann sagte sie: »Wir haben soviel von Ihnen gehört und wollten Sie mal kennenlernen.«
Während sie mich anschaute, machten wir ein bißchen Small talk. Ich spürte, wie mein Kinn immer tiefer sank, mein Gesicht aufquoll und meine Glatze glänzte. Das alles konnte ich klar sehen, und plötzlich und ganz klar konnte ich mir vorstellen, wie man sich als Frau fühlt, wenn man von einem Mann prüfend angeschaut wird. Dieses Gefühl hatte ich vorher noch nie gehabt. Außer in Marokko.
Aber diese große, weiche Couch hatte mich selbstsicher gemacht, und außerdem dachte ich mir, daß ich es immer rechtzeitig zu meinen Interviews geschafft hätte, ohne mich zu verirren oder verhaftet zu werden; und ich spürte so etwas wie den Triumph des Willens, während ich auf dem Freeway

in meinem kleinen Ugly Duckling entlangraste. Das einzige Problem war der Frontsitz, der ganz zurückgefallen war und nun auf dem Rücksitz lag. Ich versuchte, daraus etwas Positives zu ziehen, indem ich mich aufrecht am Steuer festhielt und meine Bauchmuskeln isometrisch trainierte. Es war schön, wieder auf dem offenen Freeway zu sein und zu spüren, daß ich alles bewältigt hatte, und zu denken, ist es nicht lustig, daß man, nachdem man etwas bewältigt hat, sich fragt, warum man es überhaupt wollte? Aber es war ein gutes Gefühl. Denk doch daran, überlegte ich mir, wie ich zurück am Strand in Thailand einen Agenten haben wollte, und jetzt habe ich einen. Ich hatte es gewollt und bekommen, und ist das nicht etwas, was jeder hier draußen doch will?

Einen Agenten. Selbst meine Freunde, die kambodschanischen Flüchtlinge aus Long Beach, wollten wissen, wie sie einen Agenten bekommen könnten. Sie hatten plötzlich festgestellt, daß sie in einem sehr guten Spielfilm waren, und sie waren sich sicher, daß der nächste Schritt in der Entwicklung wäre, einen Hollywood-Agenten zu bekommen. Als ich sie besuchte, fragten sie mich, ob ich ihnen nicht helfen könnte, einen zu finden. Einen Agenten. Einen Agenten. »Kannst du uns helfen, einen Agenten zu finden?« Ich wollte ihnen helfen, aber ich konnte mir nicht vorstellen, wo Kambodschaner regelmäßig Arbeit in der Filmindustrie finden könnten. Dann kam mir eine sehr perverse Idee. Norman Lear hatte gerade eine Komödie produziert, die *A.K.A. Pablo* hieß und vielen Chicanos regelmäßig Arbeit gegeben hatte. Vielleicht würde doch *A.K.A. Pol Pot* die Komödie der achtziger Jahre, die dann allen meinen kambodschanischen Freunden eine Menge Arbeit geben könnte.

Das war alles nicht weit hergeholt. Diese Idee hatte ich von einem sehr bissigen Film, den ich vor ein paar Jahren beim Margaret Mead Festival gesehen hatte. Der Film handelte von der Umsiedlung der laotischen Hmong-Stämme. Nachdem der CIA den Krieg in Laos verloren hatte, mußten die Hmongs schnell außer Landes, weil sie auf der Seite »der amerikanischen militärischen Bemühungen in Laos« gewesen waren. Der Film handelte von ihrer Umsiedlung aus einem thailändischen Flüchtlingslager in amerikanische Einwandererbaracken in Washington State. Unmöblierte Baracken, die von Wand zu Wand mit fingertiefen Plüschteppich ausgelegt waren. Ich glaube, daß sie den Plüsch als etwas organisch Gewachsenes betrachteten und ihn deswegen mit einem Gartenschlauch absprühten und dann das Wasser in den Heizungsschacht, den sie für einen Abfluß hielten, wischten. Danach versuchten sie, Hühnerbrust in einem Toaster zu kochen. Es war alles sehr traurig und sehr lustig zugleich.

Der Supermarkt verwirrte sie völlig. Im Glauben, es sei ein Stück Seife, kauften sie ein großes, gelbes Stück Velveeta Käse. So stellte ich mir auch die Eröffnungsszene der Komödie vor: Ein Kambodschaner singt unter der Dusche »Do You Want To Funk?«, während er sich seine Achselhöhlen mit einem riesigen gelben Stück Velveeta Käse wäscht, das dann wegen des heißen Wassers in kleine Klumpen zerbricht und dann in einem gelben Rinnsal in den Abfluß läuft.

Ich hatte also einen Agenten bekommen, weil ich es wollte, und ich war auf dem Weg heimwärts auf dem Freeway, und war das nicht verdammt noch mal gut, das Pedal bis zum Metall durchzudrücken, Gas zu geben. Das Radio aufdrehen und Marihuana rauchen. Und, jawohl, ich könnte es schaffen, wir könnten es schaffen. Renée und ich könnten hier rausziehen und ein kleines Haus in einem Canyon kaufen. Ein kleiner Bungalow, in dem alles in klaren, sauberen, weißen rechten Winkeln zusammenläuft. Wir könnten es schaffen. Ich könnte Arbeit bei *Hill Street*, *St. Elsewhere* oder *Knots Landing* bekommen, und wir könnten es schaffen.

Ich komme abends erschöpft nach meiner Arbeit im Studio nach Hause, und statt einer Cocktail-Stunde jogge ich um den Stausee, während Renée sonnengetrocknete Tomaten und Mozarella arrangiert und eine große Schüssel Kräuter und Blattgrün drüberwirft. Wir könnten es schaffen. Und ich komme nach Hause, nur mit dem Wunsch, etwas zu essen, mich auszuruhen und bei meiner und mit meiner kleinen Renée zu schlafen. Meine kleine Süße.

Und bald kommen dann auch die schönen Kinder, und man vergnügt sich an den Wochenenden mit ihnen, draußen in der Hochwüste oder vor Venice beim Surfen. Und wir würden es schaffen. Die Kinder werden erwachsen, und wir haben genug Geld, um sie auf gute Schulen zu schicken. Renée und ich werden zusammen alt, und wir hätten es geschafft. Bis zum Ende.

Dann wurde der Verkehr auf dem Freeway immer zähflüssiger, und alles war voller Smog. Und dann mußte das Ugly Duckling beinahe ganz anhalten, und das Bild von MX-Raketen, die dicht über den Pinien fliegen, schoß mir durch den Kopf. Ich mußte zurück. Ich mußte zurück an die Ostküste, um die Welt zu retten und den Krieg zu stoppen.

Und geht es im Leben nicht darum, anderen zu helfen? Habe ich denn nicht genug Vergnügen in meinem Leben gehabt, und war es nicht an der Zeit, die Not anderer zu lindern? Und das Bodhisatva-Gelöbnis kam mir in den Sinn: Wenn nicht alle Menschen in einem Zustand der Freude in Kalifornien leben, dann darf das niemand so lange, bis es alle können. Und ich sah den Staat Kalifornien vor mir, wie er zusammenbricht, nicht durch ein Erdbeben, sondern durch das Gewicht der Welt, weil alles Elend dieser Erde hier nach der Sonne schreit, die zwischen kahlen Zitronenbäumen und kaputten Fruchtbüschen hervorkommt. Wie konnte ich nur an mein eigenes Glück denken, während die Welt immer noch so leidet?

Wie? Wie? Wie? Oh, was für eine Schande!
Ich mußte zurückfahren, um meine alten Pullover den kambodschanischen Flüchtlingen in Far Rockaway zu geben. Und das Bild der toten Jean Donovan, die in El Salvador totgeschlagen wurde, kam mir in den Sinn. Und die Stimme von Celia Coplestone aus *Cocktail Party* bei ihrer profanen Kreuzigung klang in meinen Ohren:

Aber vorweg muß ich ihnen sagen,
Ich möchte wirklich gerne glauben, daß mit mir etwas nicht in Ordnung ist –
Denn wenn es nicht so ist, ist etwas nicht in Ordnung.
Oder vielmehr ganz anders, als es sein sollte.
Mit der Welt selbst – und das ist noch viel furchtbarer,
Das wäre schrecklich. So möchte ich lieber glauben,
daß mit mir etwas nicht in Ordnung ist, das sich richten ließe.

Nora Wydenbruck
Suhrkamp 1950

Und ich dachte, ich muß dahin zurück, wo es um etwas geht. Ich muß zurück.
Dann floß der Verkehr wieder, und alles wirkte wieder klar, als die noch gar nicht so lange tote Stimme von Alan Watts aus seinem Hausboot in Sausalito hochschwebte und sagte: »Beruhige dich, Spalding, beruhige dich. Genieße. Du bist jetzt in Kalifornien. Warum sollst du dich schuldig fühlen? Beruhige dich. Genieße. Das Leben ist eine Party. Und was wäre denn, wenn es schon am Ende wäre? Beruhige dich. Genieße.«

Ich fuhr zurück nach Venice und trank ein paar Tequilas und ging ins Bett. Und ich hatte einen Traum.

Ich machte Babysitting für einen Jungen in einer Hütte im Wald. Es gab eine große Feuerstelle, und der Junge machte mit mir die ganze Zeit ein Spiel, bei dem er in das Feuer lief, dort teilweise zerstört wurde und dann wieder hinauslief, kurz bevor er völlig von den Flammen verzehrt wurde, dann baute er sich wieder selbst auf. Ich war sehr nervös. Ich beobachtete ihn aus meinen Augenwinkeln, und plötzlich lief er wieder rein, und ich sah, daß er völlig in Flammen stand. Sein Torso war weg, und die Schatten seiner Arme und Beine standen in Flammen. Und ich griff nach dem Schürhaken und versuchte, ihn herauszuziehen und... nichts. Er ging einfach so durch die Flammen, da war kein Körper. Und das Feuer brannte nieder und hinterließ einen Haufen grauer Asche auf dem Herd.
Ich drehte mich um und sah in einer Ecke der Hütte einen Jungen aus Stroh, ein Abbild des Jungen. Ich nahm die graue Asche, ging hinüber und blies sie in die Seite des Jungen aus Stroh. Langsam wurde das Abbild lebendig. Und sein Gesicht hatte so ein wunderbares, breites, fröhliches, allwissendes, freundliches Lächeln, während er seinen Kopf schüttelte. Und ich erkannte, daß er es nicht gewollt hatte, wieder zurückzukommen, daß er von den Flammen verzehrt werden wollte – und dann verließ der Geist den Strohjungen, und ich stand da alleine mit diesem leeren Abbild aus Stroh in meinen Händen. Ich dachte, wie soll ich diese Geschichte jemals seiner Mutter erzählen. Niemand wird mir glauben. Und ich machte mich auf die Suche, um irgend jemand diese Geschichte zu erzählen. Ich sah, daß ich durch die Straßen Hollywoods wanderte.
Die erste Person, die mir über den Weg lief, war Ron Vawter, ein Schauspieler-Freund aus einer Theater Gruppe, die The Wooster Group hieß, und ich erzählte Ron die Geschichte. Er sagte: »Du hättest sofort die Polizei rufen sollen. Du brauchst einen Zeugen mit Autorität. Du wirst das, was pas-

siert ist, auf keinen Fall beweisen können, und du wirst das auf keinen Fall wiederholen können.«
Ich ließ Ron stehen und setzte meine Suche nach der Mutter des Jungen aus Stroh fort und traf auf Elizabeth LeCompte, der Direktorin der Wooster Group. Sie saß zusammen mit der Mutter am Swimmingpool und trank Orangeade. Ich begann, ihnen die Geschichte zu erzählen, aber ich konnte mich nicht verständlich machen, und anstatt die Geschichte mit dem Jungen aus Stroh zu erzählen, sagte ich mit lauter, theatralischer Stimme: »DER GRUND, WARUM ICH SO SAUER BIN, IST DER, DASS ICH GERADE IN DER NEUEN PECKINPAH-VERFILMUNG VON TSCHECHOWS ›DIE MÖWE‹ WAR...«
Und ich hatte die Rolle von Konstantin Gawrilowich gespielt, dem Schriftsteller, der sich am Ende des Stücks selbst in den Kopf schießt...
»UND WARUM ICH SO BÖSE BIN – IST, DASS ICH DEN FILM GESEHEN HABE UND IHN MOCHTE, MICH ABER NICHT DARAN ERINNERN KANN, IHN GEMACHT ZU HABEN. Ich kann mich nicht daran erinnern, dort eine Rolle gehabt zu haben. Alles, was ich sehen konnte, war ein Bild, ohne eine Erinnerung damit zu verknüpfen.«
Und die ganze Zeit wußte ich, daß ich diese Geschichte erzählte, um die richtige Geschichte zu verheimlichen. Die Geschichte des Jungen aus Stroh, die ich aus irgendeinem Grund unmöglich erzählen konnte.

Anmerkungen

S. 14: **Johnny Carson** – Talkmaster der berühmtesten amerikanischen Talkshow »The Tonight Show«

S. 14: **Phil Donahue** – Talkmaster der nach ihm benannten Talkshow im Tagesprogramm des US-Fernsehens

S. 15: **WASP** – Synonym für einen bestimmten Typus des amerikanischen Durchschnittsbürgers (White Anglo-Saxon Protestant)

S. 28: **Wallace Stevens** – bekanntester amerikanischer Lyriker (1879–1955)

S. 38: **Kent State** – Eine große Demonstration Anfang der siebziger Jahre auf dem Gelände der Kent State University in Ohio gegen die Bombardierung Kambodschas durch die US-Armee

S. 38: **ROTC** – Abkürzung für Reserve Officers Training Corps, sprich: Rekrutierungsbüro auf dem Campus

S. 38: **Bob Haldeman** – Berater von Präsident Nixon in publizistischen Belangen

S. 38: **Norman Vincent Peale** – Bestseller-schreibender amerikanischer Priester, sein bekanntestes Werk heißt: »The Power of Positive Thinking«

S. 38: **Billy Graham** – einer der bekanntesten amerikanischen Fernsehprediger

S. 41: **ACLU** – American Civil Liberties Union

S. 41: **Thurgood Marshall** – liberaler, schwarzer amerikanischer Richter am amerikanischen Verfassungsgericht

S. 41: **William Douglas** – damals der älteste Richter am US-Verfassungsgericht, ebenfalls ein Liberaler

S. 46: **Three Mile Island** – Standort des Atomkraftwerks in Harrisburg, das durch ein Beinahe-Gau zweifelhafte Berühmtheit erlang

S. 58: **LST** – Landungsschiffe der US-Navy

S. 60: **Sikorski** – Hubschrauber der US-Armee

S. 70: **Wizard of Oz** – großer amerikanischer Märchenfilm

S. 84: **Little Drummer Girl** – Hauptfigur des Agentenromans »Die Libelle« von John Le Carré (Kiepenheuer und Witsch, 1983)

S. 86: **David Lettermann Show** – neuere amerikanische Fernseh-Talkshow

S. 91: **Bill Irwin** – Performance-Künstler aus New York

S. 115: **Biff** – Figur aus Arthur Millers »Tod eines Handlungsreisenden«

S. 131: **Shredded Wheat** – Produktname für gerippte amerikanische Frühstücks-Getreideflocken

S. 145: **Jean Donovan** – amerikanische Nonne, die aus sozialen Motiven nach El Salvador gegangen war

S. 145: **Cocktail Party** – Drama von T. S. Elliot aus dem Jahre 1950

Dank an Stephen Ellis für die Auflösung gewisser Rätsel.

THORSTEN BECKER
DIE BÜRGSCHAFT

Erzählung
KiWi 135

»Das geteilte Deutschland – das ist für Thorsten Becker schwerlich eine nationale Katastrophe, eher schon eine Selbstverständlichkeit. Daß es früher ganz anders war, das weiß er sehr wohl, doch aus Schulbüchern und gelegentlich aus Zeitungen. So ist denn auch die deutsch-deutsche Geschichte, die er in seinem Buch ›Die Bürgschaft‹ erzählt, frei von Pathos oder gar Larmoyanz, hier erklingt kein feierlicher Trommelwirbel. Es ist keine Elegie, viel eher schon eine Parodie. (...)
Es ist aus diesem kleinen Buch sehr viel über das Leben in der DDR zu erfahren. Was er zu sagen hat, erzählt Becker mit Witz und Spott, mit viel Humor. Aber sein Witz ist liebenswürdig, sein Spott menschenfreundlich, und sein Humor richtet sich zwar gegen alle, die er beobachtet, doch am häufigsten gegen den Ich-Erzähler der ›Bürgschaft‹, der ihm, dem Autor, am meisten ähnelt.«

Marcel Reich-Ranicki

KiWi Paperbackreihe bei Kiepenheuer&Witsch

Charles Bukowski
Die letzte Generation

Gedichte 1981 - 1984
Titel der Originalausgabe:
War All the Time. Poems 1981 - 1984
Aus dem Amerikanischen von Carl Weissner
KiWi 157
Originalausgabe

Neue Gedichte von Charles Bukowski über Liebe und Schnaps, Literatur und Pferde, Alter und Tod – und über Charles Bukowski.

Weitere Titel bei Kiepenheuer & Witsch

Der Mann mit der Ledertasche. Post-Office.
Roman. KiWi 11, 1982

Das Liebesleben der Hyäne.
Roman. 1984. KiWi 98, 1986

Flinke Killer.
KiWi 65, 1984

Pacific Telephone. 51 Gedichte.
KiWi 76, 1985

Hot Water Music.
Erzählungen, 1985

Die Girls im grünen Hotel. 51 Gedichte.
KiWi 87, 1985

KiWi Paperbackreihe bei Kiepenheuer&Witsch

Danilo Dolci
Sizilianische Geschichten

Titel der Originalausgabe: *Racconti siciliani*
Aus dem Italienischen von Anna Mudry und Christine Wolter
Mit einem biographischen Essay und ausführlicher Bibliographie von Peter Müller
KiWi 139

Aus den wichtigsten Werken Danilo Dolcis, dem »Gandhi Siziliens«, sind hier vom Autor 22 Lebensgeschichten zusammengestellt. Sie spiegeln die Probleme Siziliens und seiner Menschen wider, wie es in keiner wissenschaftlichen Sozialstudie zu finden ist.

Tama Janowitz
Grosstadt-Sklaven

Slaves of New York
Titel der Originalausgabe: *Slaves of New York*
Aus dem Amerikanischen von Christine Schöfer und Claudius Ohder
KiWi 137

Großstadt-Sklaven ist eine wirkliche Entdeckung. In den letzten Jahren hat kaum ein Buch so genau den Nerv der Zeit und des Ortes getroffen wie diese Sammlung von Stories über die Künstler- und Lebenskünstlerszene in New York. In jeder Geschichte wird eine spezielle Form moderner Sklaverei ins Visier genommen: die Wohnungs-Sklaverei, die Sex-Sklaverei, die Geld-Sklaverei, die Gefühls-Sklaverei.

KiWi Paperbackreihe bei Kiepenheuer&Witsch

Colin MacInnes
Absolute Beginners

Titel der Originalausgabe: *Absolute Beginners*
Aus dem Englischen von Ralf Niemczik und Lothar Gorris unter Zugrundelegung einer Übersetzung von Günter Eichel
KiWi 93
Deutsche Erstausgabe

Colin MacInnes beschreibt in seinem Roman den Kampf gegen die Spießerwelt der Steuerzahler, die spannende Liebesgeschichte seines Helden mit der süßen Little Suzette, sowie die brutalen Rassenauseinandersetzungen des Sommers 1959 in London.

»Bevor ich Colin MacInnes las, haßte ich London; jetzt liebe ich es und streune stundenlang durch düstere Nebenstraßen und Hinterhöfe.«

Roy Kerridge, Spectator

KiWi-Paperbackreihe bei Kiepenheuer&Witsch

Bernd Sülzer
Bensberger Zwischenspiel

Polit-Thriller
KiWi 155
Originalausgabe

An einem sonnigen Vormittag wird in der Nähe des Bensberger Forsts das Auto des Waffenfabrikanten Benno Behrend von einer Panzerabwehrrakete des Typs Joker getroffen und zerfetzt. Durch Zufall wird aber nicht Behrend selbst, sondern werden seine Frau und seine Tochter Opfer dieses Terroranschlags. Die staatlichen Stellen können schnell den ersten der vier Terroristen fassen, die für den Anschlag verantwortlich sind. Doch dann beginnen sich die Ereignisse dramatisch zu verwirren...
Bensberger Zwischenspiel ist nicht nur ein spannender und aktionsreicher Polit-Thriller, sondern ein Gegenwartsroman, der ernsthaft und eindringlich die Frage nach den Ursachen der politischen Gewalt in der Bundesrepublik stellt.

KiWi Paperbackreihe bei Kiepenheuer&Witsch

Pete Townshend
Horse's neck

Roman
Deutsch von Ralf Niemcyk und Lothar Gorris
KiWi 118

In einer Reihe von kurzen Erzähltexten, Prosagedichten und halb autobiographischen Passagen rekonstruiert Pete Townshend die Biographie eines Rockstars.
Auf eine ganz unerwartete Weise erhält der Leser einen Einblick in das Leben eines Mannes, der – vergleichbar nur noch mit John Lennon und Mick Jagger – das Denken und Fühlen der Jugendkultur in den 60er und 70er Jahren geprägt hat.

Vassilis Vassilikos
Z
Roman. KiWi 120

Der Film »Z« von Costa Gavras mit Yves Montand in der Hauptrolle ist ein Klassiker des politischen Films der Gegenwart und bis heute einer der erfolgreichsten Filme dieses Genres überhaupt.
Nicht jeder Filmbesucher weiß, daß dem Film ein eminent spannender, bis heute aktueller Roman gleichen Titels zugrunde liegt. Vassilis Vassilikos Roman »Z«, einer der großen griechischen Romane der Gegenwart, behandelt die Vorgänge um die Ermordung des griechischen Parlamentsabgeordneten Grigorios Lambrakis am 16. Mai 1963 in Saloniki.
Der Roman erzählt die Ereignissee und ihre Hintergründe in einer sehr präzisen und nüchternen Sprache und entdeckt dabei das beklemmende Modell politischer Vorgänge, die sich dann später in Chile oder Argentinien und heute in Nicaragua wiederholt haben und wiederholen.